VON IRDENWARE BIS PORZELLAN
HANDBAUTECHNIKEN

HÖRNEMANN

Originalverlag: Alphabet & Image Ltd.,
Sherborne, Dorset, England
Originaltitel: On Pottery and Porcelain
Deutsch von Lotte Borgers

© 1979 by Mary Rogers
Alle deutschen Rechte beim Hörnemann Verlag, Bonn 1980
Satzherstellung: Mohndruck Graphische Betriebe GmbH, Gütersloh
Druck: BAS Printers Ltd., Over Wallop, Hampshire, England
Printed in Great Britain
Buch-Nr. 239/04059
ISBN 3-87384-459-1

MARY ROGERS

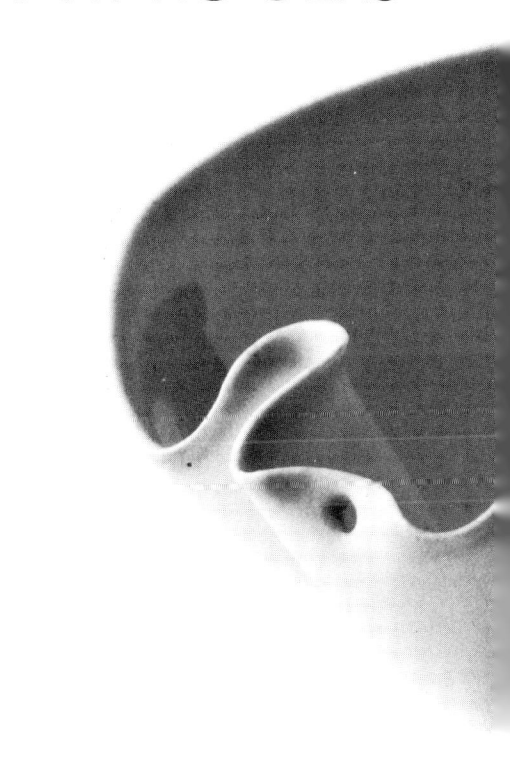

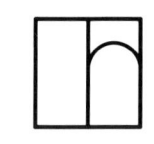

INHALT

Notiz 6
Farbabbildungen 7

1 Über das Handbauen
9

2 Quetsch- und Wulsttechniken
60

3 Eingebaute Farben und Dekors
85

4 Die Tradition des Handbauens
113

5 Porzellan
135

Quellenverzeichnis 148
Bibliographie 149

NOTIZ

Allen, die mir bei diesem Buch geholfen haben, möchte ich meinen Dank aussprechen: meinem Mann, Bob (L. R.) Rogers, für seinen unermüdlichen Zuspruch und Ratschlag, für seine Hilfe beim Lesen des Textes und für die Arbeitsfotos; Eric Webster, der mit Begeisterung die Idee dieses Buches unterstützte, was wiederum zu solch sensitiven fotografischen Interpretationen der Naturformen und auch meiner Arbeiten geführt hat; Tony Birks, der mir die Anregung zu diesem Buch gab und für die sorgfältigste Ausstattung sorgte; meinem Bruder, John Henley, für die Fotografien (Seite 119), die er auf einer Arbeitsreise durch Afrika aufnahm, außerdem für Lektüre und Diskussionen über Kapitel 4 dieses Buches; Sylvia Leith-Ross für die Wiedergabe ihrer Aufnahmen afrikanischer Gefäße und ihrer Kommentare (Seiten 115–117, 122, 127, 128, 137) aus ihrem Buch über nigerianische Töpferei, gleichzeitig Katalog der Keramiksammlung im Jos Museum, Nigeria; Michael O'Brien für die Fotografien (Seiten 120, 121, 130, 131 unten), aus seinem Artikel in *Ceramic Review* 1975, ebenfalls für die von Danlami Aliyu gemachten Aufnahmen (Seiten 123, 126, 129, 131 oben, 132); Giselle Underhill für einige Fotografien aus ihrem Artikel in *Ceramic Review* 1972 (Seiten 124/125); dem Crafts Advisory Committee für die Aufnahmen der Keramiken von Jill Crowley, Elizabeth Fritsch und John Ward; Paul Koster für die Fotografien der Arbeiten von Ruth Duckworth (Seite 144); Peter Simpson und Sheila Fournier für die Bereitstellung der Aufnahmen ihres Werkes; dem Victoria & Albert Museum für die Aufnahmen auf den Seiten 11, 134, 141; Patricia Searle und dem British Museum (Natural History) für die Aufnahmen auf Seite 14; Heather Angel für die Aufnahmen auf Seite 32; der Natural History Photographic Agency für Seite 33; dem Museum of Modern Art, New York für die Abbildung von Meret Oppenheims Objekt (Le Dejeuner en Fourrure, 1936) auf Seite 60; Faber & Faber für die Fotografien auf Seite 82 aus *Japanese Pottery* von Soame Jenyns; und nicht zuletzt dem British Museum für die Abbildung der Mosaikglasschale auf Seite 106.

FARBABBILDUNGEN

1 Hülsenform,
  Porzellan in Quetschtechnik,
  durchstochen und geschnitzt,
  1973
  Seite 97

2 Gefaltete Schale,
  Porzellan in Quetschtechnik,
  1971
  Seite 98

3 Schale mit Rand aus Bäumen,
  Porzellan in Quetschtechnik,
  durchstochen und geschnitzt,
  1977
  Seite 99

4 Form mit getigerter Oberfläche,
  Porzellan,
  1971
  Seite 100

5 Getigerte Kaurischnecke
  Seite 100

6 Rosahauch-Schale,
  Porzellan,
  1976
  Seite 101

7 Achatschale,
  Porzellan in Quetschtechnik,
  1977
  Seite 102

8 Paradies-Apfel,
  Porzellan in Quetschtechnik
  mit modelliertem
  und geschnitztem Inneren,
  1975
  Seite 103

9 Raumellipse,
  gequetschte Form
  mit symbolischer Landschaft,
  1977
  Seite 104

1

ÜBER DAS HANDBAUEN

Der Ursprung eines handgeformten Schälchens liegt in einem plastischen Tonklumpen, den wir in die hohle Hand nehmen und mit Daumen oder Finger der anderen Hand aufbrechen. So entsteht eine einfache, grobe Hohlform – ein Behälter gewissermaßen – ein Becher, dessen Größe und Umriß sich nach der inneren Form unserer den Tonklumpen umspannenden Hand richtet. Es mag sein, daß wir unbewußt alle gestalteten Schalen nach dem vertrauten Maß unserer zum Trinken und Schöpfen zusammengelegten Hände beurteilen, der Urform aller Gefäße schlechthin. Aus diesem Zusammenhang erklärt sich meines Erachtens auch das direkte und unmittelbare Reagieren der meisten Menschen auf einfache, in der Hand gebaute Gefäße. Solche Gefäße werden instinktiv als Entsprechung einer Grundform des menschlichen Körpers empfunden und vermitteln uns in Volumen und Linienführung ein wohltuendes Gefühl von Sicherheit. Solche Töpfe faßt man gern an; sie schmiegen sich in die Handgrube, und wir vollziehen mit unseren Sinnen ihre äußere Kurve nach.

Die ersten Tongefäße entstanden wahrscheinlich durch Quetschen, Drücken und Wölben, denn unwillkürlich bohren wir ein Loch in eine feuchte Tonkugel, sobald wir sie in die Hand nehmen. Auch die weiteren Griffe, wie Drehen und Hochdrücken der Masse zu einer derben hohlen Form, kommen meist aus dem Impuls. Dieser sehr einfache Vorgang muß nicht unbedingt zu simplen, unbeholfenen Ergebnissen führen. Mit Hilfe der elementarsten Methoden lassen sich sowohl schlichte und bescheidene als auch entwickelte und differenzierte Gefäße hervorbringen. Vergleichen wir es einmal mit dem Tanz. Unsere Emotionen finden spontan Ausdruck in der Bewegung. Einfaches Hüpfen und Schreiten kann auch schon Tanz sein, aber wieviel Hingabe und Konzentration erfordert es, wollen wir schön und anmutig oder – mehr noch – mit Erfindungs- und Ausdruckskraft tanzen. Für den sehr guten, den hervorragenden Tanz sind natürlich weitere angeborene Talente und Eigenschaften unerläßlich: Die entsprechende Muskulatur, der richtige Körperbau, ein feines Gefühl für Balance und vor allen Dingen das notwendige Temperament. So gibt es auch Menschen, denen das freie Formen von Tongefäßen in der Hand mehr liegt als anderen; aber selbst die Begabtesten brauchen viel praktische Erfahrung und Konzentration, bis sie mit dieser Technik etwas Eigenes ausdrücken können.

Dabei spielt die innere Einstellung zur Arbeit eine große Rolle, und vielleicht liegt hier sogar der Hauptakzent. Für alle Handbautechniken – und das gilt besonders für das Quetschformen – sind Ruhe, Gelassenheit, Geduld und Freude am langsamen Werden eines Stückes erforderlich, im Gegensatz zum Drehen an der Scheibe, wo dynamische Gesetze walten, schnelle rhythmische Bewegungen, und eine größere

Anzahl fertiger Töpfe in kurzer Zeit selbstverständlich sind.

Häufig finden wir bei Töpfern, die ohne Drehscheibe arbeiten, ein ausgeprägtes Wahrnehmungsvermögen für Formen aus der Natur. Das ist kein Zufall, denn handgebaute Gefäße tragen – durch ihren Entstehungsprozeß bedingt – charakteristische Merkmale des organischen, asymmetrischen Wachstums. Ich habe an mir selbst beobachtet, wie durch meine Arbeiten mit Ton auch das Interesse am Formenspiel der Natur ständig wuchs; das wurde für mich wie für viele andere zu einer Quelle der Inspiration. Das Auge schärft sich, und plötzlich erkennen wir unzählige Feinheiten, endlose Variationen von Formen und Farben, mit denen uns die Natur umgibt.

Diese Bewußtseinserweiterung stellt eine wesentliche Bereicherung dar, selbst wenn sie ohne Wirkung auf die Arbeit bleiben sollte. Aber aufmerksame Naturbeobachtung kommt dem Farb- und Formenempfinden in jedem Fall zugute, so daß jedes Stück ausdrucksvoller und vielschichtiger wird. Darüber hinaus erleben wir eine wichtige Grunderfahrung; der Mensch hat immer seinem Verhältnis zur Natur Ausdruck verleihen wollen, indem er ihre Schönheit darstellte. Dazu dienten ihm Malerei, Keramik, Bildhauerei, Erzählkunst, Dichtung, Musik, Theater und Tanz.

Auch der Ton als Material will seinen Einfluß ausüben; dieser Einfluß wirkt sich bis in die Lebenseinstellung des Töpfers aus. Der plastische Ton, den ein Töpfer verarbeitet, hat nur wenig Ähnlichkeit mit dem Material seiner fertigen Töpfe. Aus einer geschmeidigen, formwilligen Masse gestaltet er Dinge, die hart, widerstandsfähig und beständig werden. Diese Eigenschaften vor Augen, muß der Töpfer seine Formen entwerfen, aber die Formarbeit selbst bleibt den Gesetzmäßigkeiten des Tons überlassen.

Bevor der Ton durch das Feuer seine physikalische Umwandlung erfährt und eine unabänderliche Gestalt annimmt, durchläuft er einen »lebendigen Rhythmus« sich wandelnder Eigenschaften. Damit müssen wir uns vertraut machen, wollen wir in irgendeiner Weise mit Ton arbeiten.

Jede Tonmasse trocknet an der Luft aus, und dabei verliert sie allmählich ihre Plastizität. Dieser Ablauf ist überschaubar, und die einzelnen Stadien lassen sich vorausberechnen, so daß sie bei der Erstehung eines Stückes mit eingeplant werden können. Unerbittlich durchläuft der Ton seinen »Lebenskreis«: Vom nassen, zähen Schlamm trocknet er zur formbaren Masse, dann erreicht er einen lederharten Zustand, und zum Schluß gewinnt er steinartige Härte. Feuer kann dieser Härte Dauerhaftigkeit verleihen, Wasser macht den ganzen Prozeß rückgängig, so daß der Kreislauf dann von neuem beginnt.

Im nassen, schlammigen Zustand läßt sich der Ton am besten vorbereiten. Andere Tonsorten und Schamotte werden jetzt ohne Schwierigkeiten zugemischt. Sobald die Masse etwas auftrocknet, beginnen wir mit dem Kneten und setzen diese Arbeit so lange fort, bis alle Zutaten eine gleichmäßige, homogene Mischung ergeben. Das Ergebnis dieser anfänglichen Bemühungen sollte ein Ton sein, wie ihn jeder Töpfer liebt: Plastisch und geschmeidig, dem leisesten Fingerdruck gefügig, mit gutem Stehvermögen, Rissen abgeneigt und unseren Absichten gewogen. Bei manchen Töpfern kommt es mir so vor, als ob sie das Mischen, Abwiegen, Glasieren, Ofeneinsetzen und Brennen nur hinter sich bringen, damit sie von neuem den taktilen Reiz des Tons gerade in diesem Zustand genießen können.

Auf der lederharten Stufe ist der Ton noch feucht und auch flexibel; er läßt sich sogar, falls erforderlich, weiterbearbeiten. Man kann ihn zu einer strafferen Form klopfen, wie weiches Holz schnitzen, an zu dicken Stellen abschälen und zu scharfe Kanten glätten. Wird die lederharte Oberfläche rundum poliert, verdichten sich die Wände, vertiefen sich die Farben, und nach dem Brand liegt über allem ein leichter Glanz.

Wenn der Ton trocken und starr ist, gleicht er einem sehr zerbrechlichen, weichen Stein, den man nur mit bildhauerischen Methoden weitergestalten kann. Aber das Aushöhlen, Schaben und Kratzen muß mit allergrößter Vorsicht geschehen.

Manchmal lege ich einen rohen Klumpen

Ton neben einen fertig gebrannten Topf und versuche mir klarzumachen, daß noch vor kurzer Zeit diese klare feste Form nichts weiter war als ein Haufen Schlamm, konturlos, stumpf in der Farbe und ohne Anzeichen dessen, was Keramik sein kann. Diese phönixhafte Verwandlung grenzt an ein Wunder, besonders dann, wenn wir die schönsten Töpfe aus der Geschichte der Keramik zum Vergleich heranziehen.

Die schrittweise, jedoch totale Umwandlung des Materials, dieser selbständige Prozeß, den unsere Hände beschleunigen, ist – so scheint es mir – ein wesentlicher Zug des Töpferns als Handwerk. Vielleicht gelangen wir dadurch zu einer »sich öffnenden« Lebenshaltung. Ein Blick zurück in die Geschichte macht deutlich, daß in jenen Ländern, wo die Keramik zu künstlerischen Höhepunkten geführt wurde – in China, Korea und Japan –, die Menschen, geprägt durch Taoismus und Zen-Buddhismus, eine solche »offene« Haltung, verbunden mit ehrfurchtsvollem Schauen der Natur einnehmen. Dies mag Spekulation sein, aber ich bin sicher, daß intensive Arbeit mit Ton und aufmerksames Sehen und Erfühlen der sich wandelnden Form den Menschen empfänglicher werden läßt für den Ablauf der Zeit.

Das Rohmaterial und das vollendete Werk.
Links: Der formlose Tonklumpen.
Unten: Eine Sung-Vase
aus dem elften oder zwölften Jahrhundert,
Steinzeug mit cremeweißer Glasur.
Zusammenspiel von Kopf und Hand.

Wandel und Verfall unterliegen Naturgesetzen, und ebenso verhält es sich mit den Formen des Werdens. Lebendiges bricht auf, weitet sich und nimmt unter Beibehaltung des strukturellen Gefüges wieder ab. Dieser dauernde Wechsel wird durch innere wie äußere Kräfte hervorgerufen. Die weichen, saftigen und lebendigen Teile trocknen aus und werden abgenutzt. Zum Schluß bleiben nur die harten Skelette übrig, die stützenden Knochen, Panzer, Schalen und Hülsen als Zeugnis des Lebens. Diese Verwandlung durch Wachsen und Verfall zerstört nie die Einheitlichkeit der Formen, ihre Ordnung und ihre Muster, es sei denn, es handelt sich um etwas Krankes, wie wir es ästhetisch ausdrücken würden, oder De-Formiertes. Wer viel mit Pflanzen umgeht, sieht sehr schnell, wenn ein Blatt nicht richtig gewachsen und in schlechter Verfassung ist. Dabei orientieren wir uns weniger an perfekter Symmetrie als an rhythmischer Ordnung, geschlossenem Wachstum, einer prallen Form und einem klaren Muster.

Die unvermeidlichen Wandlungen lebendiger Dinge durch den Ablauf der Zeit werden vom Spiel anderer Naturkräfte begleitet. Wind, Wasser, Feuer, Frost und Sonne können sowohl vorübergehende als auch endgültige Veränderungen der Formen hervorrufen. So werden Teile für immer weggefressen, aber flüchtige, vorübereilende Windmuster im Gras, am Wolkenhimmel und auf der Wasseroberfläche kommen und gehen. Auf eine Form bezogen, ließen sich diese vergänglichen Verwandlungen als Dekoration und Oberflächenstruktur begreifen.

Entwicklungen in der modernen Fotografie haben uns eine ganz neue, bisher überhaupt nicht zugängliche Welt der Formen und Zeichen erschlossen, die für unser Wahrnehmungsvermögen entweder zu klein oder zu gewaltig waren oder ihre Existenz in anderen Elementen verborgen

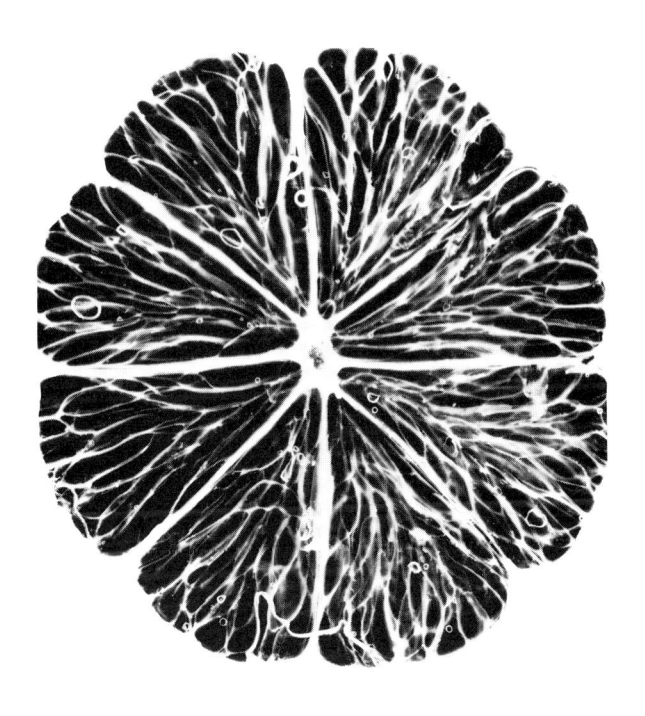

Der Saft einer reifen Zitrone
füllt die innere Struktur voll aus
und gibt der Frucht eine pralle Form.
Sobald die Zitrone austrocknet
und sich die Flüssigkeit verringert,
tritt die Struktur zutage,
wodurch sich das Wesen der Form ändert.
Unten: Wenn eine grüne Paprikaschote welk wird
und vergeht, fällt die dicke, flexible Haut
in sich zusammen wie ein Luftballon,
aus dem die Luft entweicht.

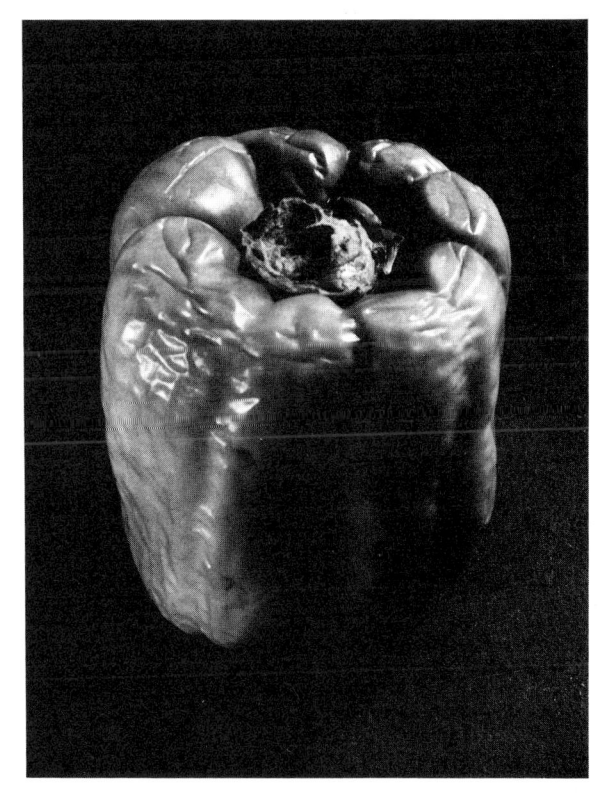

In der mikroskopischen Welt
tauchen neue, unerwartete Muster auf.
Dank der Elektronenmikroskope
können wir kleinste Organismen
und ihre stützenden Strukturen
tausend- und millionenfach vergrößert studieren.
Unten: Foraminifera, globigerina
und Mikrofossilien aus Tiefseeablagerungen.
Die gequetschte Porzellanform (rechts)
weist Gemeinsamkeit mit biologischen
und subzellularen Strukturelementen auf.
Durchmesser 10 cm, 1972

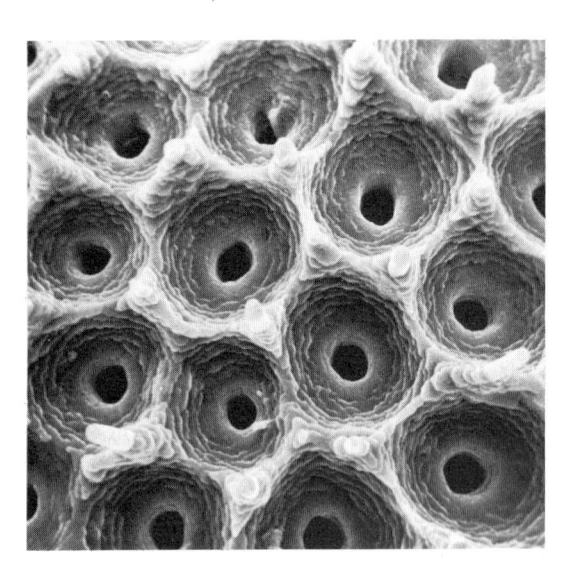

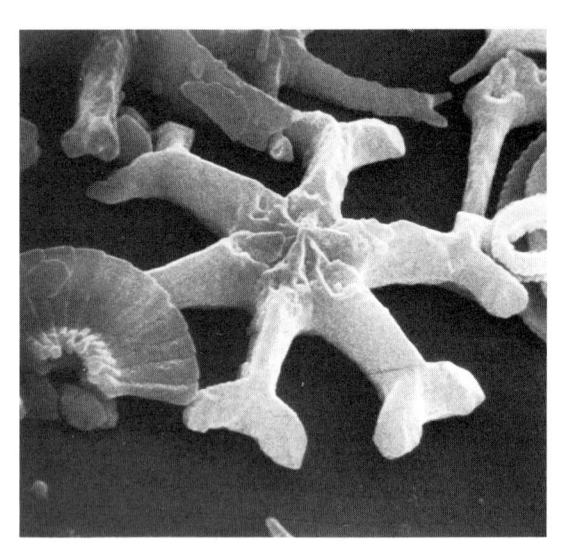

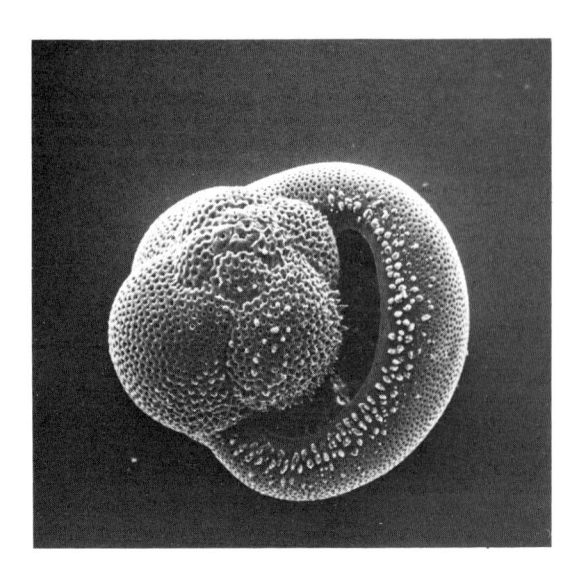

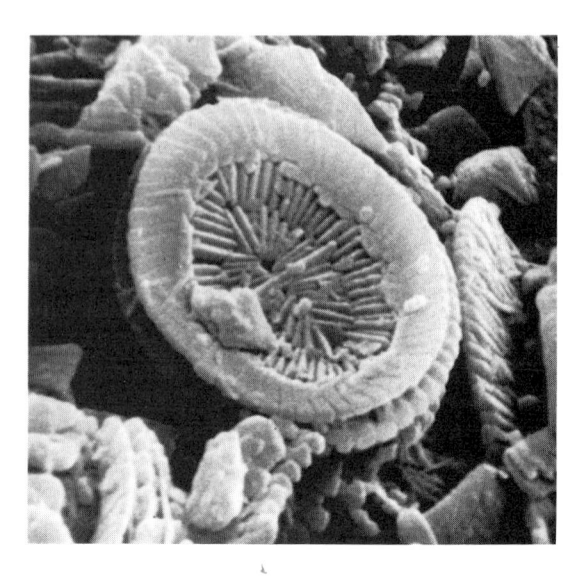

hielten. Diese Enthüllungen, die wir Fotografen und Wissenschaftlern verdanken, haben unsere Bildvorstellungen, unseren Ideen- und Assoziationsvorrat enorm ausgeweitet. Zum ersten Mal in der Geschichte sieht der Mensch die Erde aus dem Weltraum und erkennt die Ähnlichkeit zwischen einem Spiralnebel und einer Muschel; voller Staunen entdeckt er die wundervoll variierten, komplizierten Strukturen eines Strahlentierchens. Langdauernde Wachstumsprozesse können wir mit filmischen Mitteln zu einem rhythmischen Tanz zusammenraffen, und andere, für unser Auge zu schnell ablaufende Geschehnisse, wie das Schwirren von Insektenflügeln, lassen sich zu einzelnen, gezielten Bewegungen verlangsamen. Die Sichtbarmachung mikro- und makrokosmischer Erscheinungen hat unser menschliches Bewußtsein befähigt, in der Natur ein organisiertes, alle Strukturen durchdringendes Gefüge zu erkennen. Von diesem »geordneten Rhythmus« sollten wir uns bei Entwürfen leiten lassen, denen Formen aus der Natur zugrunde liegen.[1]

Bei genauer Betrachtung einer bestimmten Anzahl »gleicher« Dinge fesselt uns oft die subtile Art der Abweichungen. An einem Baum zum Beispiel unterscheidet sich jedes einzelne Blatt und jeder Zweig vom anderen; es gibt nie zwei absolut gleiche Steine, Grashalme, Regentropfen oder Kornähren. Wir finden in der Natur weder genaue Reproduktion noch perfekte Symmetrie. So erhalten die Dinge Individualität und Unverwechselbarkeit, und gerade das gibt ihnen Lebendigkeit. Nur was sich vom anderen deutlich unterscheidet, was erkennbar ist, können wir lieben. Zweifellos übt eine größere Menge identischer, maschinell hergestellter Objekte – sagen wir Tischtennisbälle – einen gewissen Reiz auf uns aus, aber nach kurzer Zeit ermüdet unser Auge und hält Ausschau nach einem Ball mit beson-

[1] Die hochgesetzten, den Text durchlaufenden Nummern beziehen sich auf die Liste Seite 148.

Blätter einer Silberbirke

deren Merkmalen, einem Fleckchen, einer Beule, damit wir ihn aus der anonymen Masse herauslösen und Interesse an ihm finden können. Sammlerleidenschaft im weitesten Sinn richtet sich nicht auf die große Zahl absolut identischer Dinge, sondern auf viele gleiche Objekte mit leichten Abweichungen. Unterschiede in Form, Größe und Farbe betonen das Original innerhalb einer Gruppe. Selbst bei Sammelobjekten aus ein und derselben »Familie« gibt die mehr oder minder starke Betonung einzelner Züge, so unauffällig sie auch sein mögen, jedem Stück seine Individualität.

Die reichsten Bilderscheinungen sind jene, die in uns mehr als nur einen Gedanken heraufbeschwören, die auf mehr als nur einen Ausgangspunkt hindeuten und die Weitverstreutes zu einem Ganzen zusam-

menfügen. Bei einem Kunstwerk, wo visuelle Vieldeutigkeit und Beziehungsreichtum eine große Rolle spielen, rührt der Ursprung meist nicht aus einer einzigen Idee, sondern aus einem Bündel von verschiedenen Bewegungsmomenten gleicher Art. Solche Kunstwerke sind keine Kopien oder Übertragungen bestehender Formen, sondern Neuschöpfungen, deren Überzeugungskraft aus der Übereinstimmung mit den Wachstums- und Bewegungsgesetzen der Natur herrührt.
Ich erinnere mich an den Ausspruch eines Chinesen, wo es heißt, daß ein guter Topf, auf einen Waldboden gesetzt, einem Vorübergehenden überhaupt nicht auffallen dürfe, so sehr müsse er »verschwinden« und mit seiner Umgebung verschmelzen. Für eine bestimmte Art von Töpferei ist das

Weder zwei Blätter noch zwei Kornähren können jemals einander gleich sein.
Bei der einen Form dominiert dieser, bei der nächsten jener Zug
Es gibt ebensowenig das »perfekte« Blatt, wie die archetypische Kornähre.
Es handelt sich dabei
um abstrakte Durchschnittswerte.

bestimmt ein wundervolles Ziel. Selbstverständlich will der Chinese nicht damit ausdrücken, daß ein guter Topf unbedeutende oder negative Züge annehmen soll; im Gegenteil, in größtmöglicher Übereinstimmung mit der natürlichen Umgebung und ihren Farben wird seine Stärke gesehen. Und schließlich gibt es auch in der Natur nichts Negatives und Unbedeutendes.

Der von dem Chinesen erwähnte Waldboden wäre sicherlich nur für einige wenige, vielleicht für ascheglasierte Gefäße eine adäquate Umgebung, die zur leichteren Beurteilung der formalen und ästhetischen Qualitäten verhelfen könnte. Andere Töpfe – um bei dieser Methode zu bleiben – würden sich womöglich besser an einem Strand voller Muscheln und wieder andere in einer Ansammlung von Halbedelsteinen präsentieren. Die beiden letzten Szenerien entsprächen dem Porzellan mit seinen spröden Linien und tiefklaren Farben.

Wahrscheinlich sind die gleichen Kriterien auch in dem ganz anderen Rahmen der Stadtwelt des zwanzigsten Jahrhunderts wirksam, und Dinge, die sich als kreative Antwort auf die vom Menschen gestaltete Umgebung behaupten, passen vor den Hintergrund moderner Architektur mit ihren exakten geometrischen Linien und kräftigen Farben oder zu den zerrissenen Innereien und gebrochenen Metallteilen der Autofriedhöfe.

Diese beiden Quellen für Impuls und Einfühlung, Stadt und Land, das Urbane und das Natürliche, schließen einander nicht aus. Eine Wand mit den übriggebliebenen Fetzen eines abgeblätterten Plakates kann genau so faszinierend sein, wie eine sich abschälende Baumrinde; fressender Rost auf unseren Autos mag in uns die Erinnerung an sich ausbreitende Flechten wachrufen. Auch ein Luftbild unserer Städte mit dem Straßengewebe und seinen Häusern regt uns womöglich in gleicher Weise zu bildnerischen Mustern an wie die komplexen Konstruktionen von Blattrippen oder die Arme eines Flußdeltas.

Tatsächlich bietet uns manches Werk ein fast verwirrendes Amalgam von Formen aus der Welt der Maschinen und Formen aus der Natur. Dieses Zusammenfügen von Bilderscheinungen und ihr kreatives Verarbeiten zu visuellen Metaphern ist ein Ausgangspunkt für alle Arbeit bei Künstlern und Designern. Seltsamerweise setzen die nicht allzu eng gefaßten Ideen unsere Fantasie am besten in Bewegung.

Doch nicht immer, wenn ein glücklicher Einfall uns erregt und das hierfür geeignete Material zur Verfügung steht, haben wir die Möglichkeit zur sofortigen Verwirklichung. Umgekehrt steht uns manchmal Material und Zeit reichlich zur Verfügung, und trotzdem fällt uns beim besten Willen nichts Gutes ein.

Jeder von uns wählt seine eigene Form der Beschwörung. Für den Töpfer ist die Vorbereitung des Tons, besonders das Spiralkneten, eine wundervolle Lockerungsübung, die unsere Sinne für das Spontane empfänglich macht. Aber wenn die Gedanken eigensinnig vom Ton wegstreben und der Arbeitsgang keinen natürlichen Rhythmus findet, sollte man die Zeit nicht länger vergeuden, sondern aus der Werkstatt gehen und einen kleinen Spaziergang machen. Dabei fallen uns vielleicht Dinge in die Hände, deren Formen unsere Aufmerksamkeit wecken. Wir sehen, in welcher Weise ein Blatt austrocknet; entdecken Gemeinsamkeiten zwischen Gelenkknoten bei Tier und Pflanze; wir nehmen die Ähnlichkeit von Baumrinde und menschlicher Haut, von Feder und Laub wahr, und so mag unser Gefühl für Farbe und Form sich erneuern und unsere Fantasie sich beleben. Niemand kann im leeren Raum schöpferisch sein. Unser Gedächtnis speichert alles Gesehene, und unsere Werke sind Ergebnis dessen, was wir bewußt oder unbewußt aus der uns umgebenden Welt aufgenommen und zu neuen Kombinationen zusammengefügt haben.

Man sollte meine Arbeiten nicht zu krampfhaft daraufhin untersuchen, ob sie Ähnlichkeit mit dem Geschauten aufweisen. Ich skizziere die Dinge wahrscheinlich um ihrer selbst willen, oder um mich mit ihrer Struktur vertraut zu machen. Dabei denke ich nicht unbedingt an ihre direkte Übertragung in die Sprache des Tons. Am besten betrachten wir alles, was unseren Blick fängt und uns fasziniert, zugleich vom analyti-

Avocado-Häute –
ursprünglich hatten alle
ungefähr die gleiche Form und Größe.
Vier aus dieser Gruppe
bilden sogar die Schalenhälften
von zwei ganzen Früchten,
doch beim Austrocknen
verhält sich jede Haut anders.

schen wie vom konstruktiven Gesichtspunkt aus, und diese instinktive Auswahl durch unsere Augen garantiert auch die notwendige Relevanz. Meist helfen uns dann die persönlichen kreativen Gewohnheiten – entstanden aus der Vertrautheit mit dem Material – von selbst auf die Sprünge. Je besser wir unser Material und die entsprechenden Techniken beherrschen, desto leichter fällt uns die schöpferische Interpretation.

Außer der intensiven Beschäftigung mit Formen, Strukturen und Farben habe ich ein weiteres Stimulans entdeckt, das besonders wirksam ist, wenn unsere Fantasie schnell in Gang kommen muß, und wir nur wenig Zeit zur Einstimmung in die Arbeit haben. In einer solchen Situation möchte ich Ihnen raten: Versuchen Sie ein Brainstorming mit sich selbst. Suchen Sie einen Ausgangspunkt; vielleicht ist es das von Ihnen bevorzugte Material; vielleicht eine zum Licht drängende Idee. Lösen Sie das zentrale Thema heraus und lassen Sie Ihren Gedanken freien Lauf. Alles, was Ihnen in den Sinn kommt, jede Assoziation, werfen Sie als Skizze oder in Worten auf das Papier, und zwar ohne analysierende Kritik, damit der schöpferische Strom nicht ins Stocken gerät. Aus diesem chaotischen und ungeordneten Schweifen löst sich allmählich ein Muster heraus. Selbstverständlich ist es nicht immer leicht, hierbei das Denken ganz auszuschalten und das Unterbewußte frei fluten zu lassen. Konzentrierte Wahrnehmung und stillhaltende Regsamkeit – scheinbare Widersprüche – sind hierzu erforderlich, aber es wird seine Wirkung tun. Die Tore öffnen sich, und man gewinnt Zugang zu den unzähligen, im eigenen Inneren verborgenen Möglichkeiten.

Links: Die trockene Haut
vom oberen Ende eines Markkürbis.
Wenn das innere weiche Fruchtfleisch austrocknet,
spannt, rollt und biegt sich die Haut
zu einer eigenen, gefalteten Form.
Das Porzellangefäß (unten)
bei 1300° C oxidierend gebrannt,
geht von solch einer
getrockneten Kürbishaut aus.
Durchmesser 15 cm, 1971

Die Porzellandosen (rechts)
in Metallschwarz glasiert
und bei 1280° C gebrannt,
entstanden aufgrund von Beobachtungen
der eng gepackten und zusammengefalteten
Blütenblätter in den Knospen.
Das Foto unten zeigt Mohnknospen
in verschiedenen Stadien.
Die Porzellandosen enthüllen beim Öffnen
komplizierte Schichten im Innern.
Höhen 9 cm und 6 cm, 1972

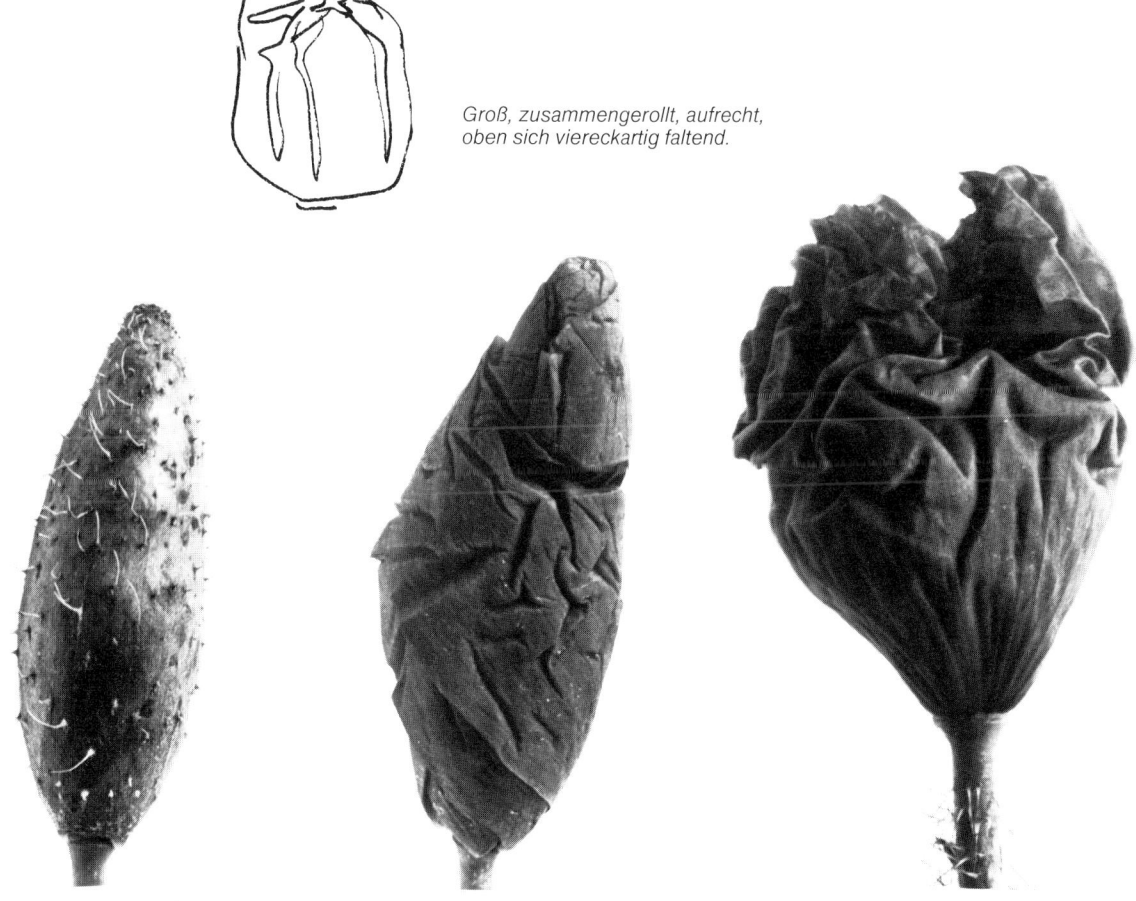

Groß, zusammengerollt, aufrecht, oben sich viereckartig faltend.

21

22

Die Gefäße oben und links,
oxidierend bei 1300° C gebrannt,
basieren auf solchen aufbrechenden Knospen.
Durch das Überlappen der feinen Blütenblätter
entstehen Zonen von größerer Farbdichte,
wie bei der Mohnblüte oben links.
Die dünn gequetschten Wandungen
der beiden Gefäße wiederholen die Form
einer sich öffnenden Blütenknospe.
Beide ca. 13 cm im Durchmesser.
Links: 1975, oben: 1978

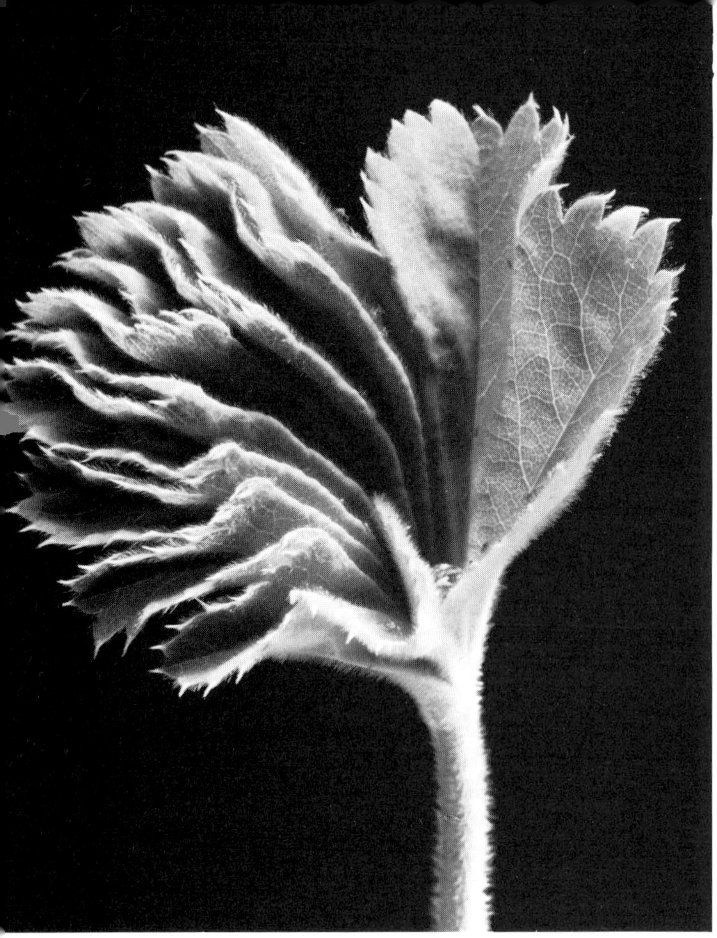

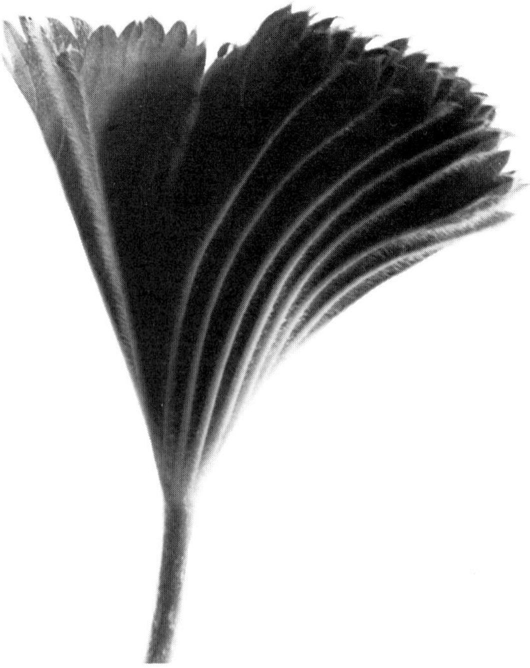

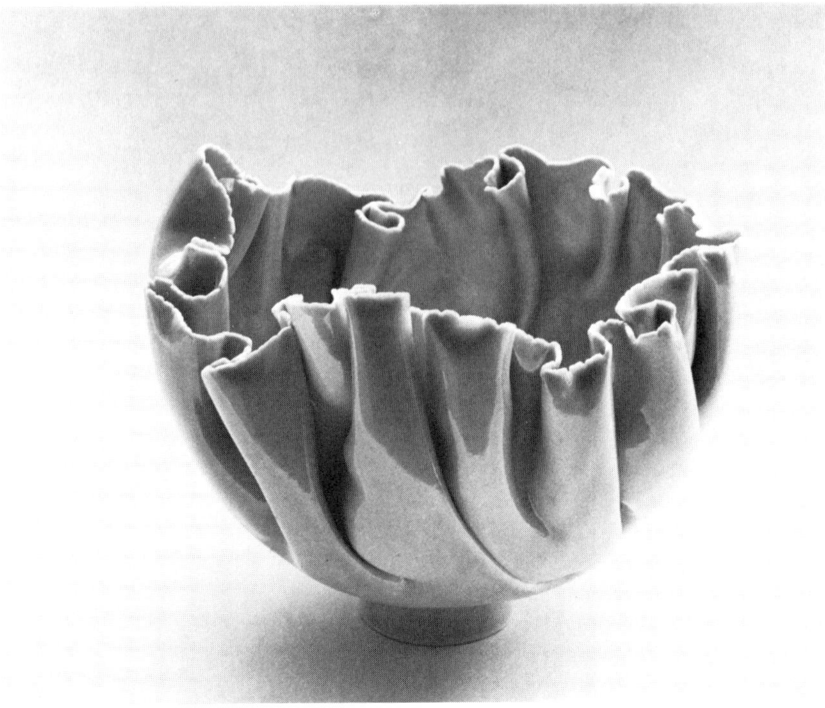

Oben links: Sich wie ein Fächer öffnende Blätter
der *Alchemilla mollis*.
Links: Gefaltete Porzellanform,
oxidierend bei 1300° C gebrannt.
Regelmäßige Falten wie bei dem Alchemillablatt.
Durchmesser ca. 13 cm, 1978
Oben: Porzellanschale mit Tupfenmuster aus eingelegten Oxiden,
spiralförmig verlaufend wie die Rippen eines sich öffnenden Blattes.
Durchmesser 11,5 cm, 1975

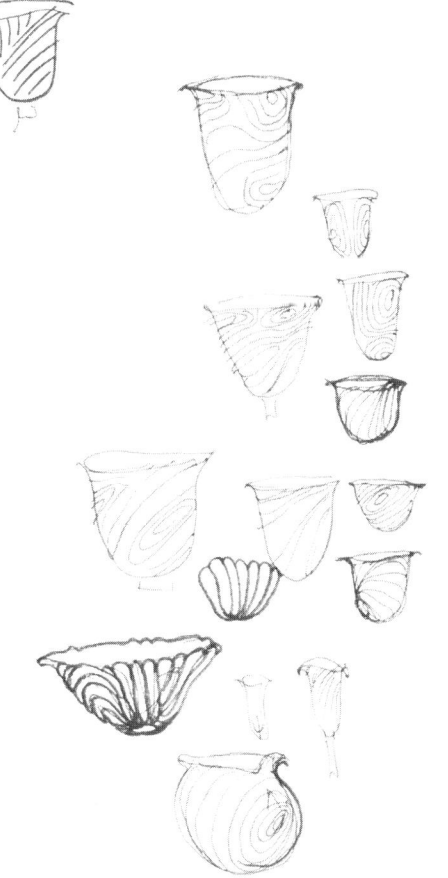

Voll entfaltetes, sanft gewelltes Blatt der Alchemilla mollis.

Oben und rechts: Geäderte Blattform in Porzellan, oxidierend bei 1300° C gebrannt.
Die Adern wurden mit Oxiden unter der Glasur aufgetragen.
Die aufrechte Form entstand aus zwei flachen, gequetschten Schalen, die an den Kanten mit Schlicker verbunden wurden; sie steht auf einem ebenfalls angeschlickerten, kleinen modellierten Fuß.
Oben: Durchmesser 18 cm, 1975
Rechts: Höhe 10 cm, 1975

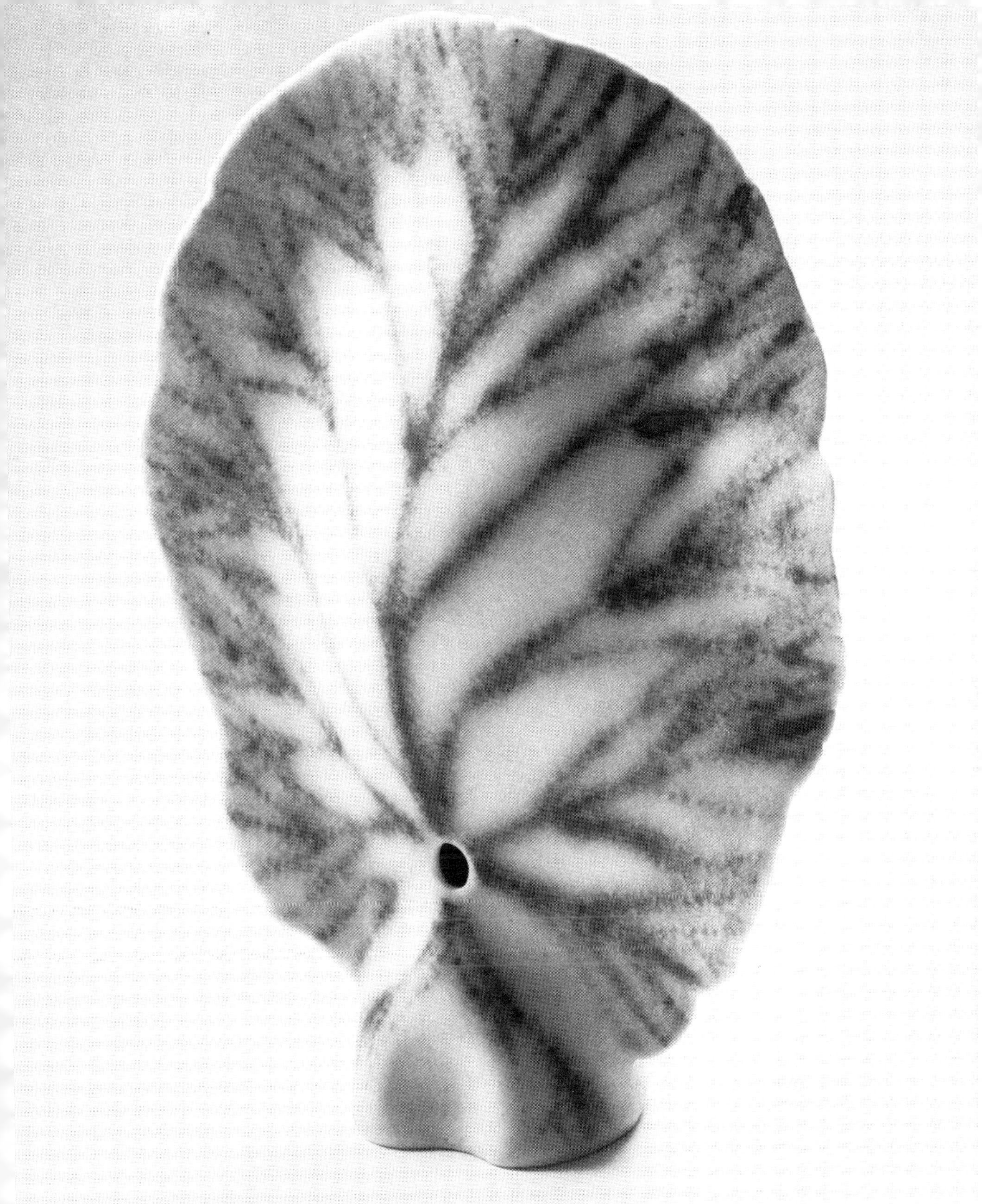

Porzellanschale,
Quermaß 14 cm, 1974;
außerdem Formen aus der Natur.

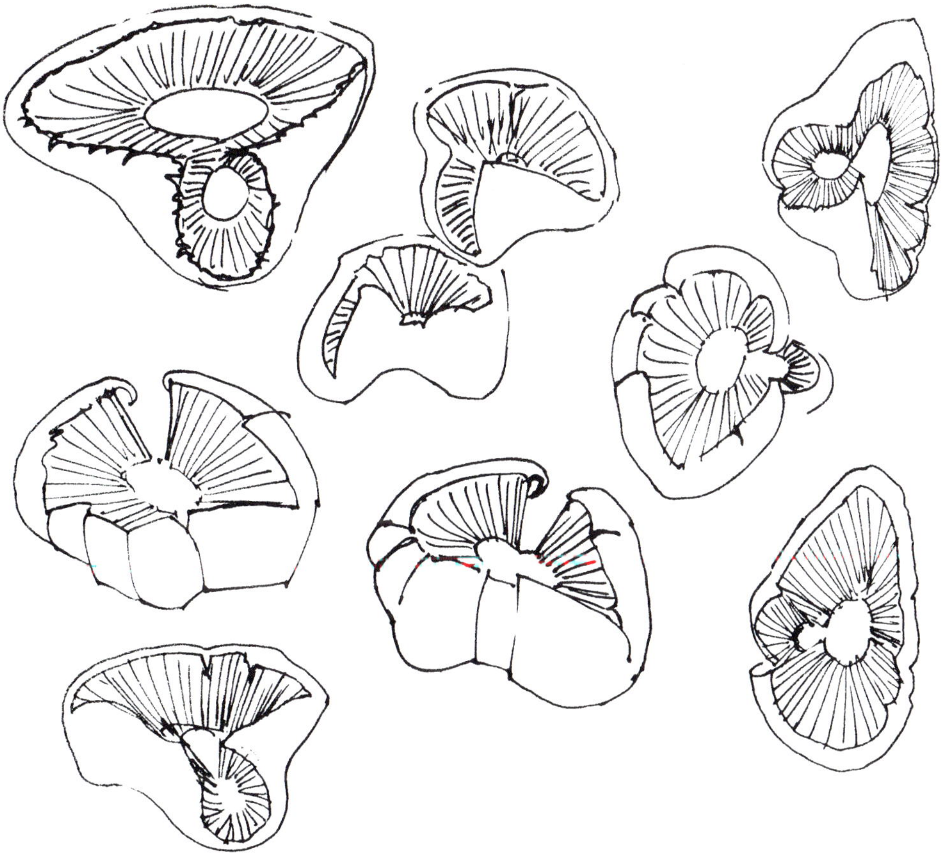

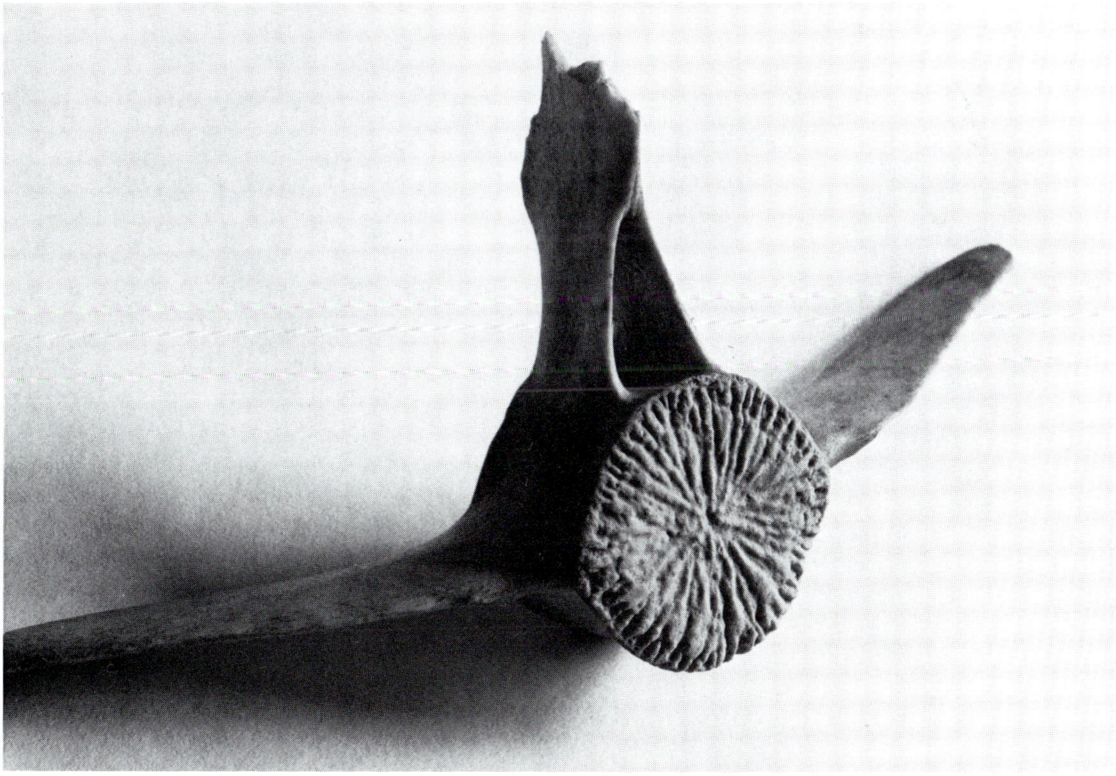

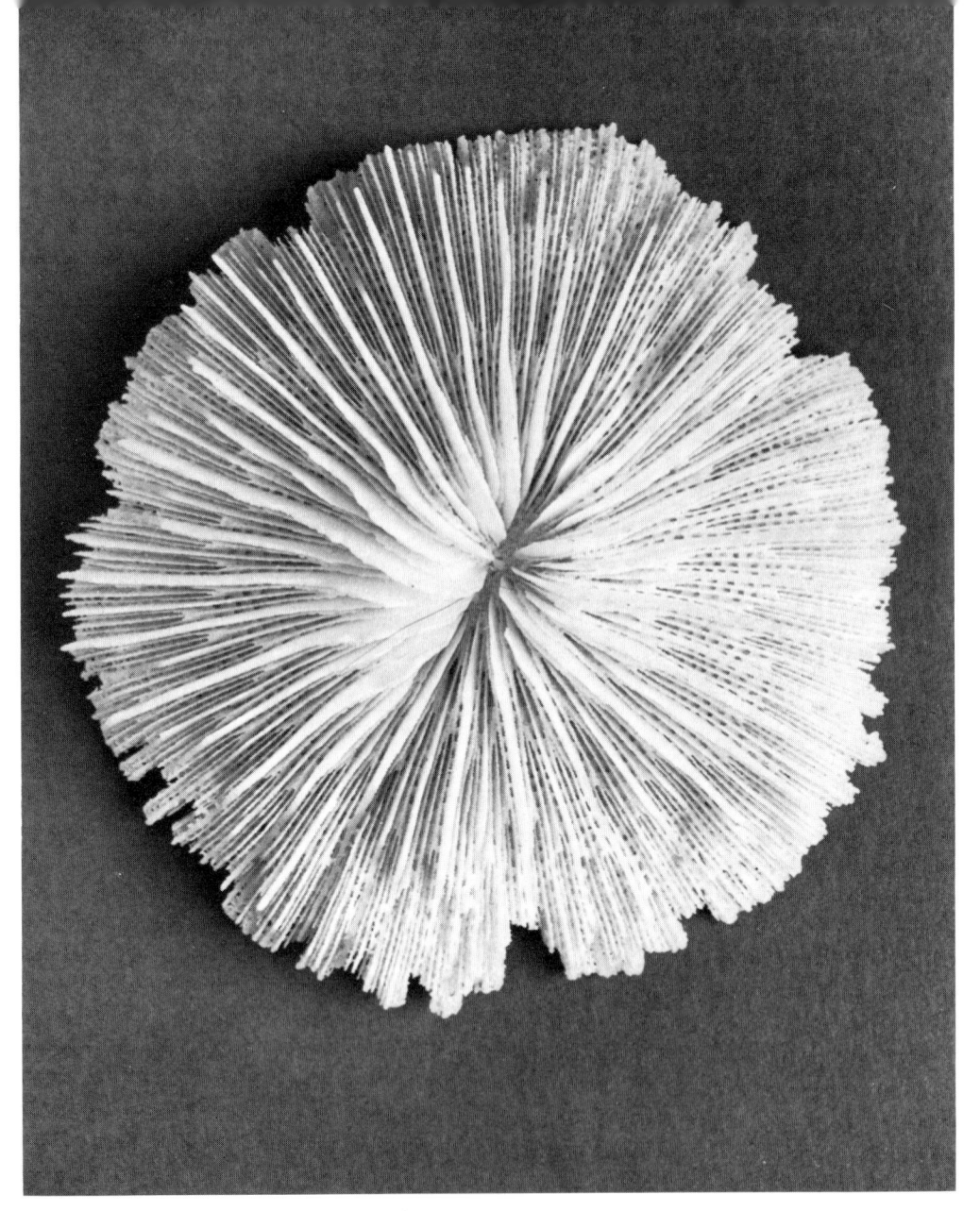

Oben: Pilzkoralle.
Rechts unten: Korallenform in Porzellan,
oxidierend gebrannt bei 1300° C, Ascheglasur,
Durchmesser 11,5 cm, 1973.
Die geschnittenen dicken Rippen
kontrastieren mit den dünneren,
ausgehöhlten Vertiefungen,
und so entstehen die Unterschiede
in der Transparenz des Stückes.

*Äußeres von Korallen
aus dem Indischen Ozean.*

»Geschnitzte, geäderte Blattform«,
Porzellan,
Oxidierend gebrannt bei 1300° C.
Montiert aus drei einzeln gequetschten Teilen.
Die Adern wurden in das trockene Porzellanstück
vor dem Glasieren geschnitzt.
Höhe 7,5 cm

*Koralle rippt sich
rund ins Zentrum.*

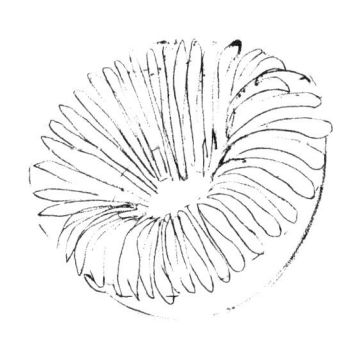

Links: »Schatten-Form«.
Die kolorierten Zonen
entsprechen dem
wirklichen Schattenfall,
den die erhabenen Teile
über die Hauptform werfen.
Durchmesser 13 cm, 1976

*Sich kräuselndes,
strudelndes Wasser.*

Die unendliche Vielfalt
der Musterung
bei Zebras, Hirschen (links),
Fischen, Motten (weiter links)
und Käfern hat die Natur
zur Tarnung eingeführt,
damit die Tiere sich
möglichst wenig
von ihrer Umgebung abheben.

Licht durch Bäume fallend sprenkelt den Boden.

Die abgebildeten Gefäße sind mit solchen
ineinander greifenden Tarn-Mustern überzogen
und laufen von innen nach außen über,
wodurch die Umrisse entschärft werden.
In der Natur erzeugen diese Art Muster
bei vielen Lebewesen Verwirrung,
was ebenfalls zur Tarnung beiträgt.
Schale (oben) 9,5 cm, 1976
(Mitte und links) 13 cm, 1975

Manche Formen und Dekors bieten sich
bei der Verarbeitung des Tons von selbst an,
zum Beispiel das Spiralkneten erzeugt rhythmische Gebilde,
die als Ausgangsform benutzt werden können.
Rechts: Hier wurde ein spiralgeknetetes Tonstück
zu einer Dose geformt,
indem der Boden und die Seiten leicht abgeflacht,
der obere Teil abgeschnitten
und das Innere mit einer Drahtschlinge ausgehöhlt wurde.
Steinzeug, metallschwarze Glasur,
oxidierend gebrannt bei 1280° C,
Höhe 11,5 cm, 1969

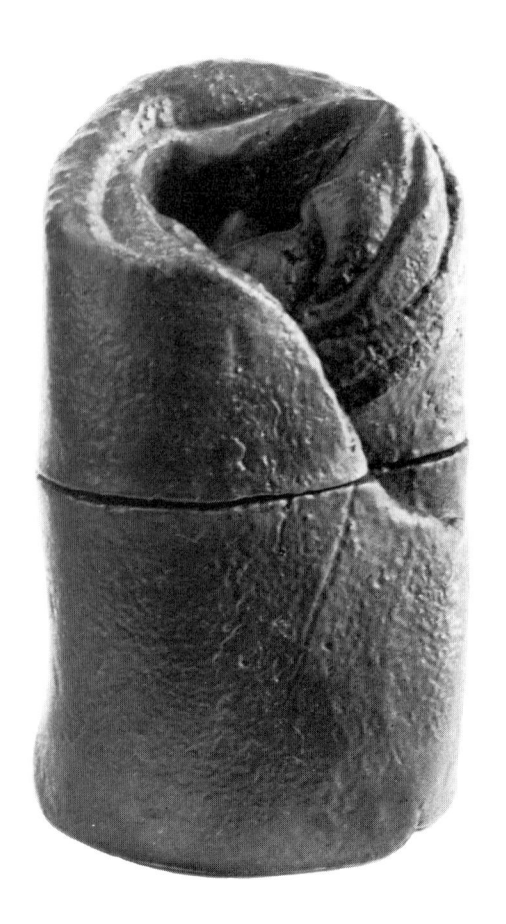

Die beim Spiralkneten sich überlagernden Falten
gaben die Anregung zu den hügeligen Landschaften (unten).
Diese wurden zu »Höhlen« ausgeschnitten,
wodurch gleichmäßig dicke Wandungen entstanden.
Dem oberen Rand wurden Gruppen
von modellierten Bäumen aufgesetzt,
um das Bild abzurunden.
Porzellan,
oxidierend gebrannt bei 1300° C.
Länge 7,5 cm, Höhe 7,5 cm, 1972

»Spaltrand-Schale«,
Steinzeug,
oxidierend gebrannt bei 1280° C.

Das Quetschformen geschah absichtlich,
als der Ton schon nicht mehr die volle Plastizität besaß,
so daß die Seiten sich spalteten und umbogen,
wie viele Objekte in der Natur während des Trocknens.
Durchmesser 18 cm, 1968

»Spaltrand-Schale mit getüpfeltem Inneren«,
Porzellan,
oxidierend gebrannt bei 1300° C.
Durchmesser 13 cm, 1975.
Die Hauptform wurde aus plastischem Ton
gequetscht, der obere Teil später,
als die Wandung schon so trocken war,
daß sie auf natürliche Weise –
wie bei der trockenen Blume
(oben links) – riß und sich umbog.

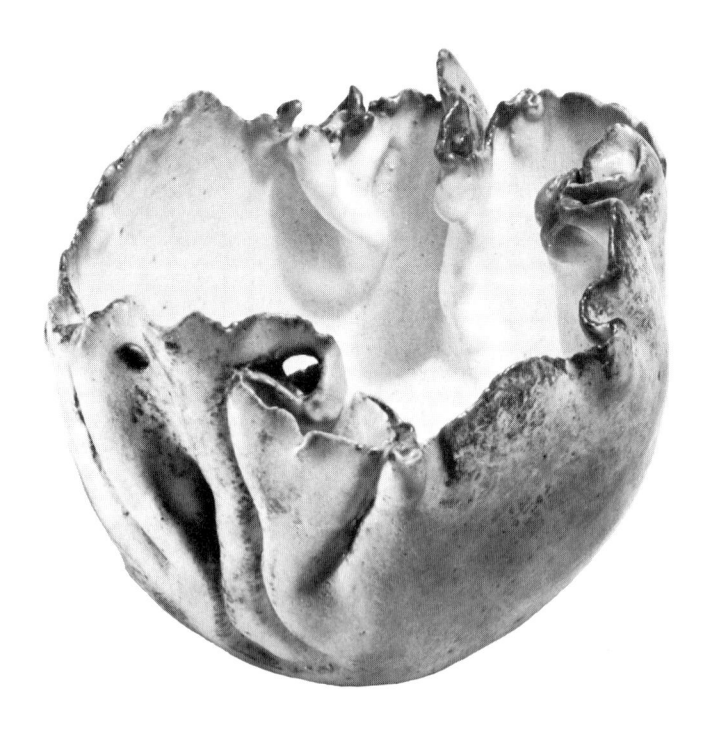

Steinzeugformen unterscheiden sich
ihrem Wesen nach in vieler Hinsicht
von Porzellanformen,
selbst bei absolut gleicher Behandlung.
Der zusammengerollten Form (links)
verleiht der Ton eine ruhende Erdenschwere.
Die Außenwände sind unter der Glasur
mit Schlicker überzogen.
Steinzeug,
oxidierend gebrannt bei 1280° C,
Durchmesser 20 cm, 1968.
Die fließende Helligkeit
der zusammengerollten Porzellanschale (rechts)
erweckt den Eindruck des Schwebens
und steht in direktem Kontrast
zu der gewichtigen Erscheinung des Steinzeugs.
Oxidierend gebrannt bei 1300° C,
Durchmesser 18 cm, 1974.
Selbst bei einer geschlossenen Form
kommt das Leichte des Porzellans zur Geltung.
»Weiße Welle« (unten)
wurde aus zwei «Häuten« getrennt gearbeitet –
aus der äußeren gequetschten Schale
und den innenliegenden »Wellen«.
Nach der Ausformung beider Teile
erfolgte das Montieren,
Porzellan,
oxidierend gebrannt bei 1300° C,
Durchmesser 15 cm, 1974.
Museum of Modern Art, New York

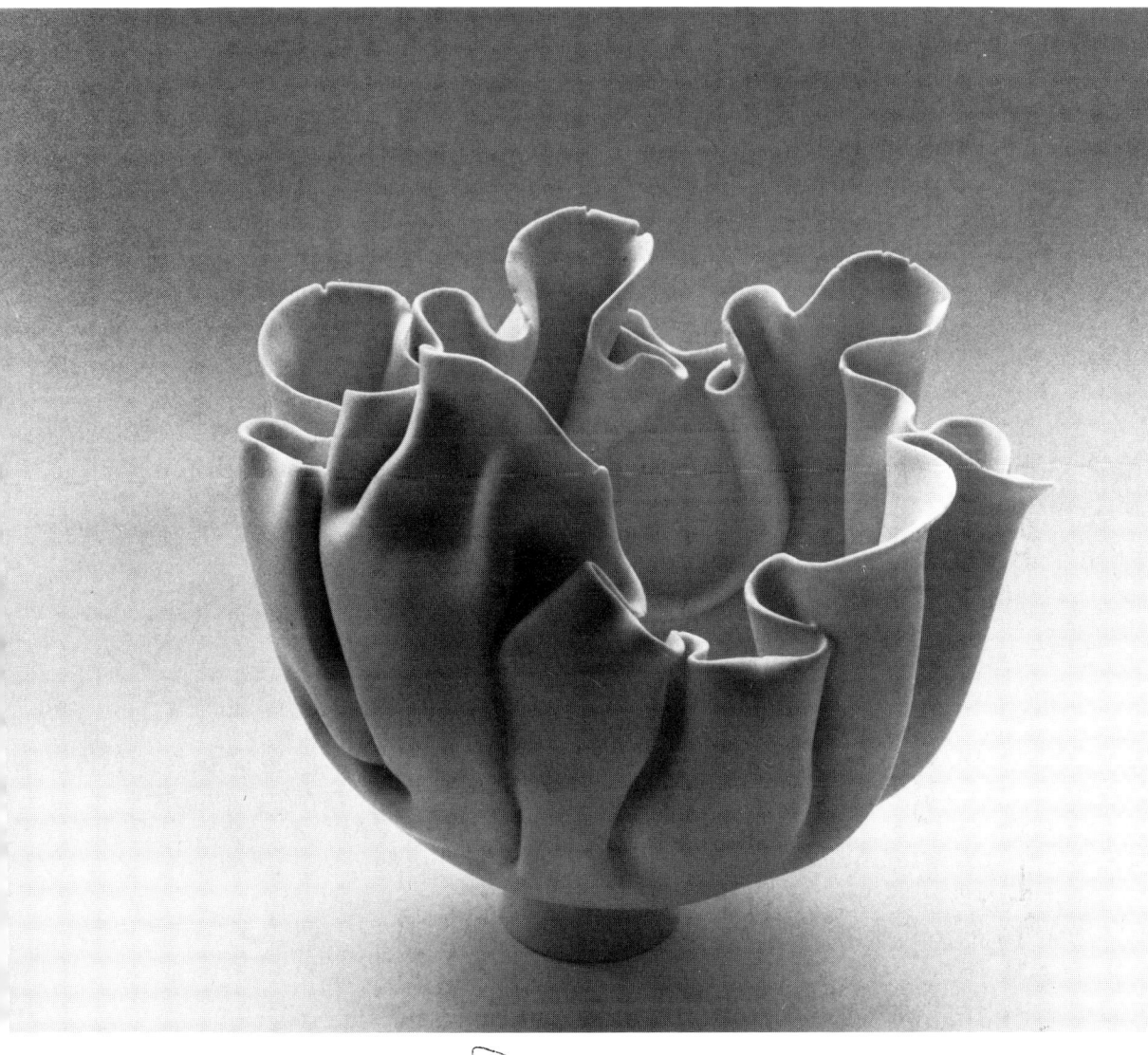

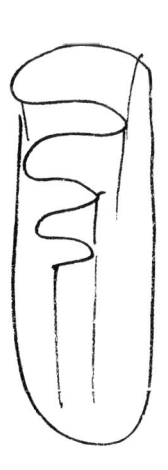

Nach hinten höher.
Blaues »Meer«
auf dem Grund einer gefalteten Schale.
See und Klippen.

Unten: Die Steinzeugform
ist der »Weißen Welle« auf Seite 38 ähnlich
und in der gleichen Weise hergestellt,
aber es liegt mehr Schwere im Ausdruck,
was teils auf das Steinzeugmaterial zurückzuführen ist.
Oxidierend gebrannt bei 1280° C.
Durchmesser 18 cm, 1973

Oben rechts: »Steinzeugschale«,
gewulstet und gequetscht, 1280° C.
Die natürliche Unebenheit des Randes,
einer Bergmassivkette gleich, wurde ausgearbeitet
durch Weglassen des Schlickers unter der weißen Glasur
am Rand, so daß dort die Glasur verdichtet aufliegt.
Durchmesser 18 cm, 1973.

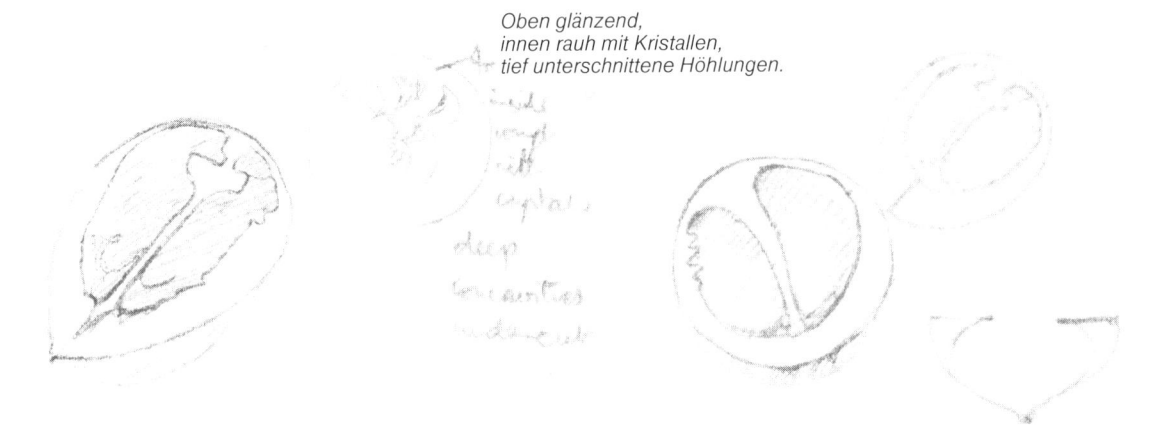

*Oben glänzend,
innen rauh mit Kristallen,
tief unterschnittene Höhlungen.*

40

Unten: Porzellanschale,
weiß glasiert, oxidierend gebrannt bei 1300° C.
Der unebene Rand wird ausgeschnitten
und erzeugt das Bild eines baumumsäumten Hügels.
Das einfallende Licht erhöht die Transparenz des Porzellans.
Durchmesser 13 cm, 1976

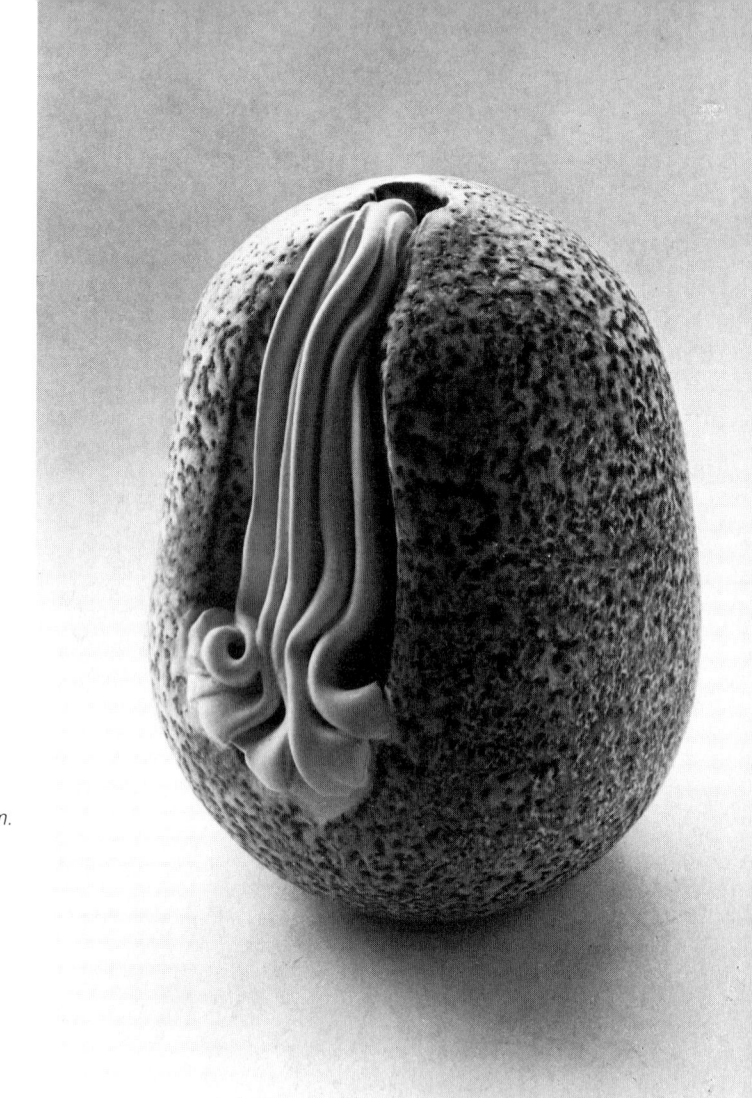

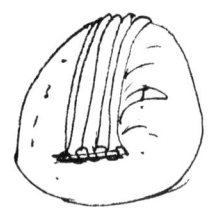

Wasserfall in großer Kerbe hin zur Mitte der Aufbauform. Von oben gesehen.

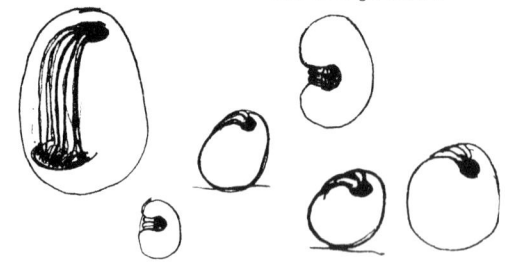

Oben: »Wasserfall«,
Steinzeug mit Porzellan,
oxidierend bei 1290° C gebrannt, Höhe 18 cm, 1974
Man kann verschiedene Tone
in einem Stück miteinander kombinieren,
vorausgesetzt, daß die Brenntemperaturen gleich si
Die Eigenart des jeweiligen Materials
läßt sich durch die Komposition hervorheben,
wie es der »Wasserfall« zeigt
und ebenso (links) die »Quelle«,
Steinzeug mit Porzellan,
oxidierend gebrannt bei 1290° C,
Durchmesser 12 cm, 1974.
Beide Formen wurden aus Steinzeugton gewulstet,
und das »Wasser« aus Porzellanton gequetscht.
Die Nebenseite zeigt (oben)
ein Stück Achat mit variierender Transparenz,
hervorgerufen durch unterschiedlichen Mineralante
Der gleiche Effekt wiederholt sich
bei der »Steinscheiben-Schale« (unten).
Dort scheint durch farblose »Fenster«
innerhalb der Porzellanwände helles Licht,
während kolorierte Zonen geringere Transparenz
wie bei Halbedelsteinen besitzen.
Durchmesser 10,5 cm, 1977

43

44

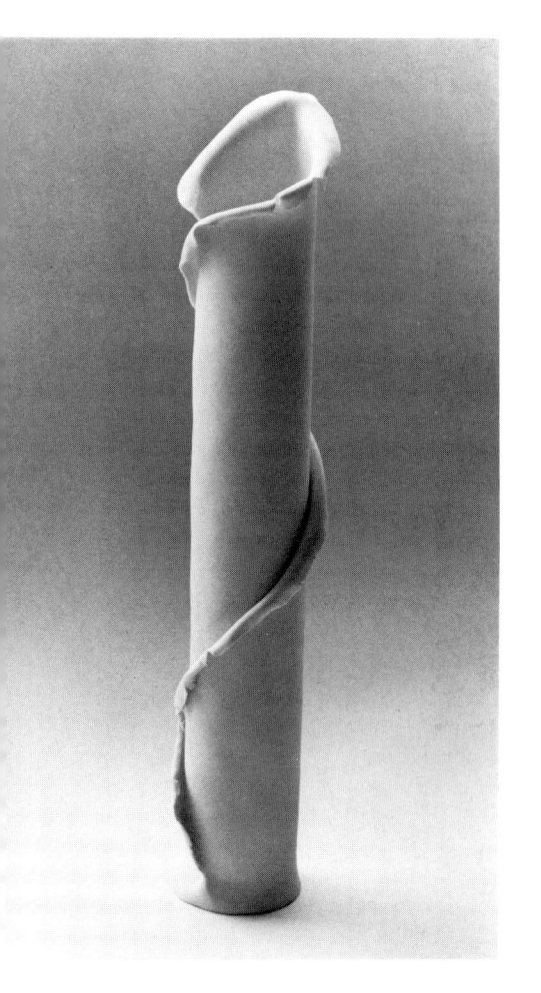

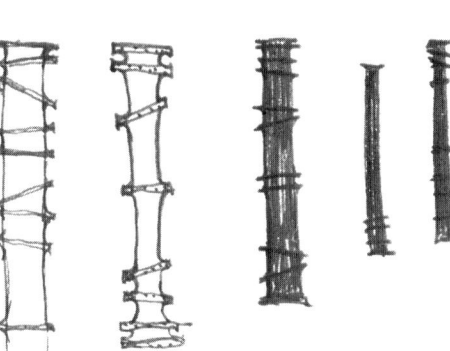

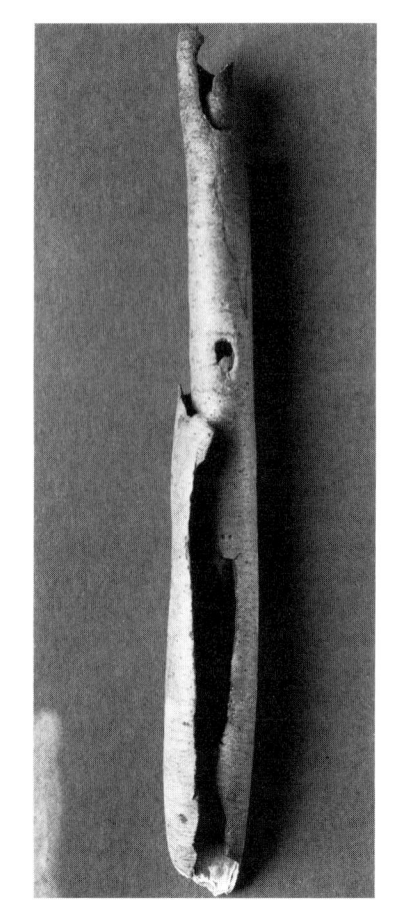

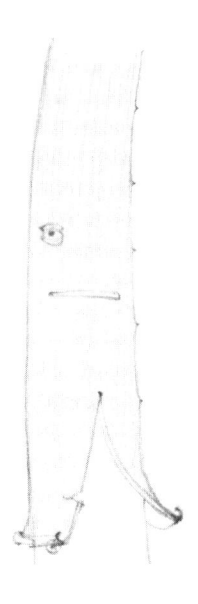

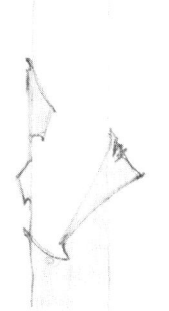

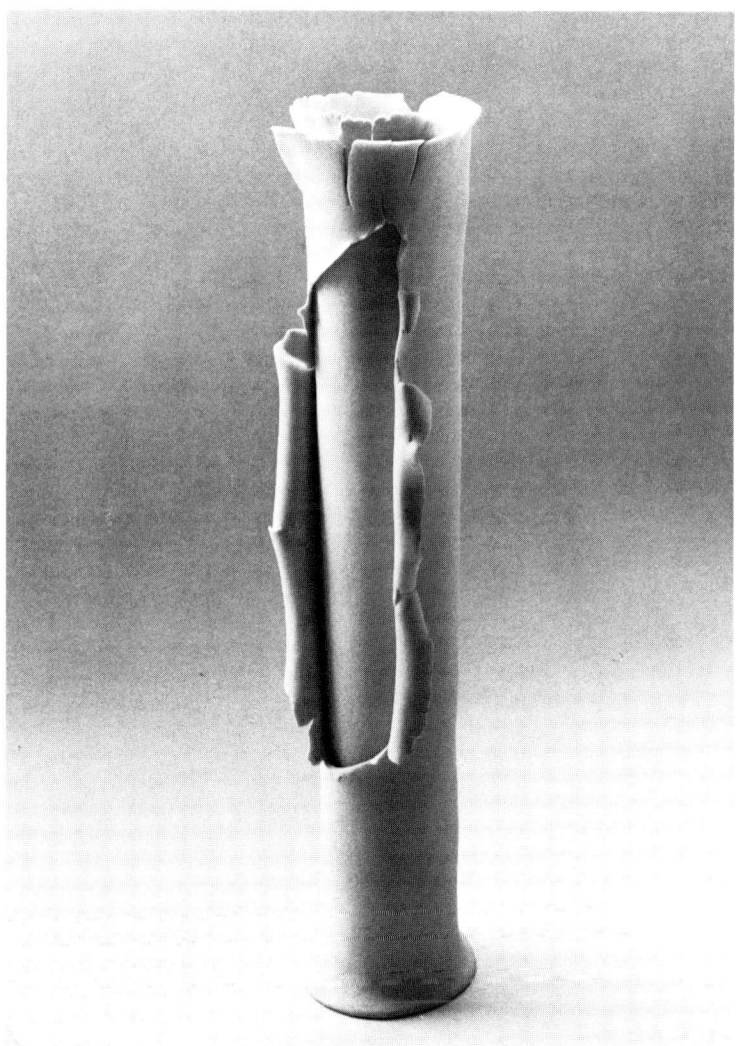

Ganze Oberfläche aus überlappenden viereckigen Platten.

Sich entrollende Schale und senkrechte Formen,
hergestellt mit Hilfe einer Papprolle,
auf einen gequetschten Boden montiert.
Die Gefäße haben Ähnlichkeit mit der abpellenden Rinde
einer Silberbirke (links unten).
Der Pappkern muß beseitigt werden,
bevor der Ton trocknet und schwindet.
Die beiden senkrechten Gefäße
sind 35,5 cm hoch,
die sich entrollende Schale
10 cm im Durchmesser,
alle drei 1975

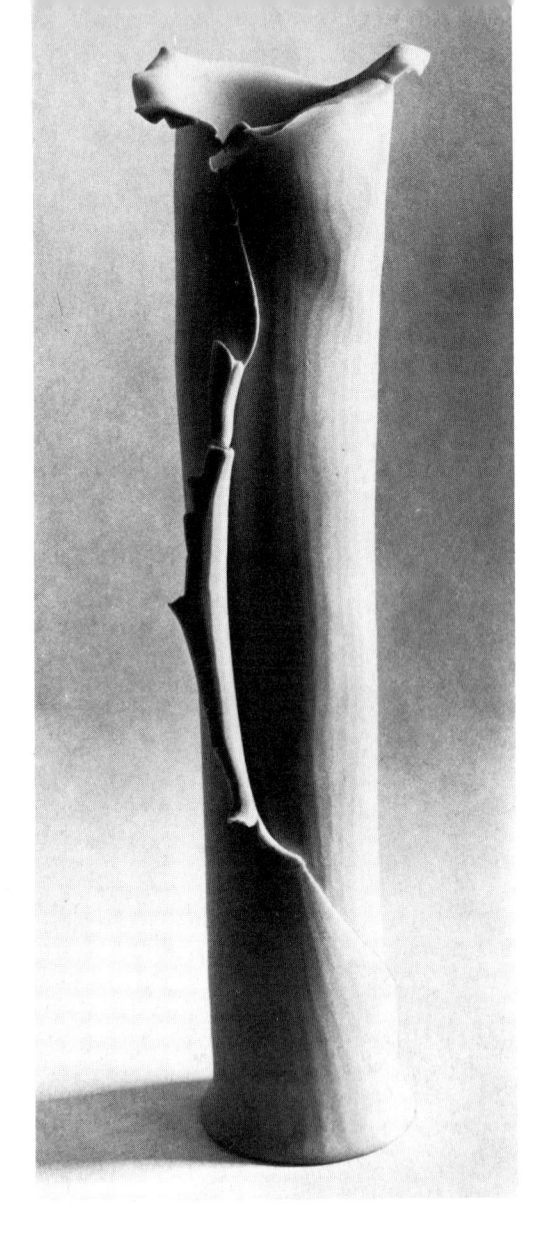

Stehende Formen nach dem Vorbild wachsender Pflanzen. Bei den gewickelten Porzellanzylindern (Mitte und ganz rechts) wurden die oberen Partien weitausladend, dünn gequetscht, um den Eindruck einer Blüte zu erwecken.
Links: Höhe 35,5 cm, 1975;
Mitte: Höhe 20 cm, 1974;
unten rechts: Höhen 23 cm und 15 cm, 1966.
Ganz rechts: Höhe 23 cm, 1973

Von oben nach unten:
Manche Rindenstücke liegen auf,
wirken wie ausgeschnitten,
wie abgepellt,
legen glatte Teile frei.

Ungleichmäßig Gerilltes rundum.

Segment – Effekte.

Ansatz unterhalb des Randes bei punktierter Linie.

47

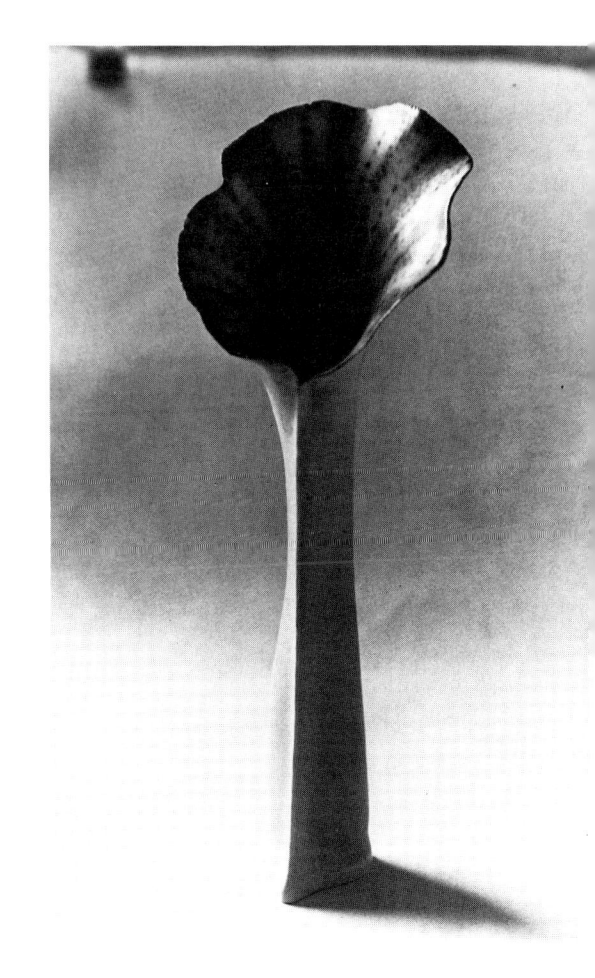

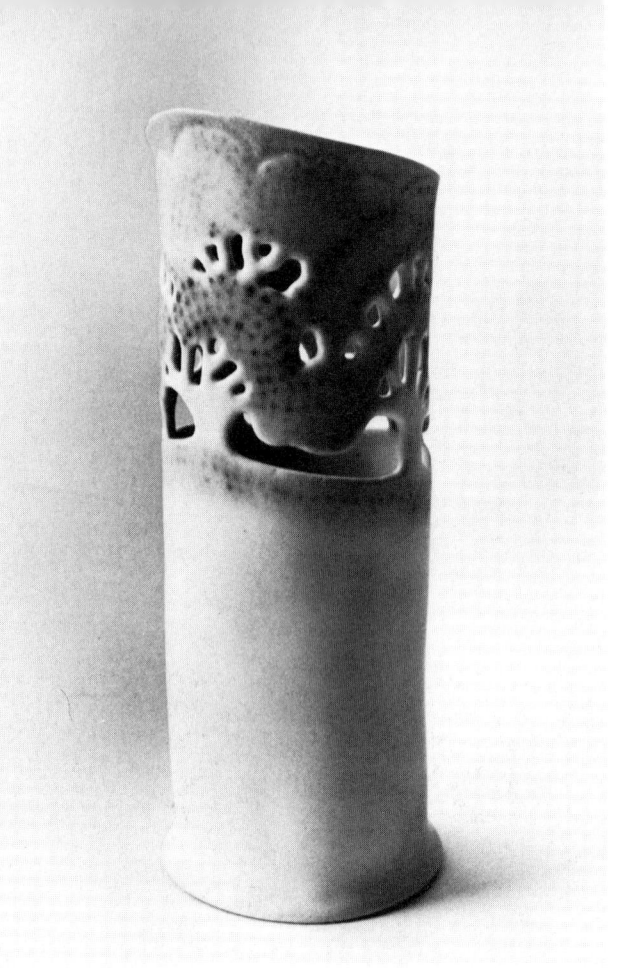

Es gibt viele Möglichkeiten
einer Landschaftsdarstellung in Ton.
In der »Landschaft mit einer Schlucht« (unten)
und dem »Baumbesetzten trockenen Tal« (rechts)
habe ich die naturgegebenen,
welligen und unebenen Ränder
der gequetschten Schale
zur Andeutung einer Hügellinie
mit der Silhouette von Baumgruppen gestaltet.
In der »Baumgruppensäule« (links)
erhalten die ausgeschnitzten Baumstämme
und das Gezweig den Akzent des Ganzen.
Höhe 18 cm, 1974;
unten: Durchmesser 15 cm, 1974;
rechts: Durchmesser 13 cm, 1977

49

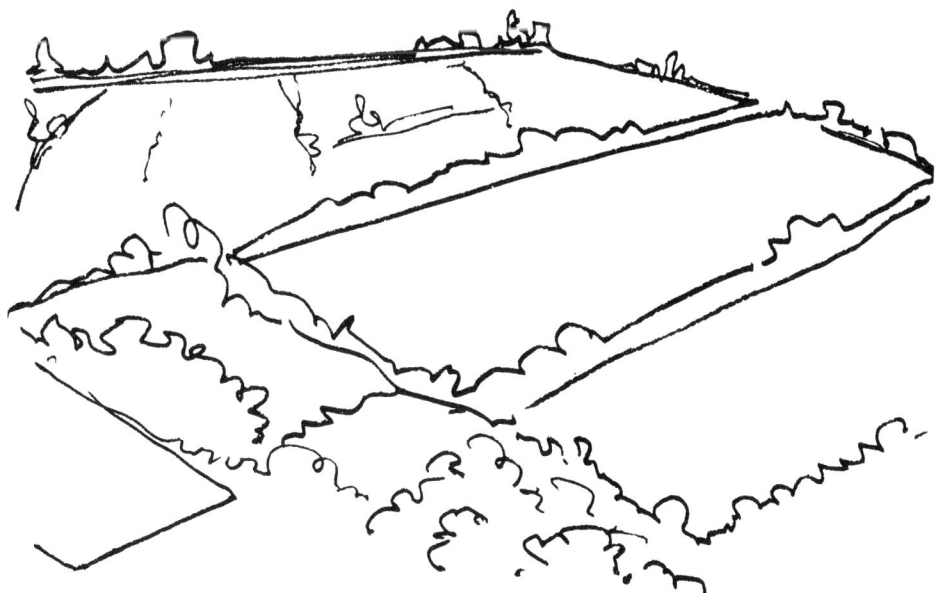

50

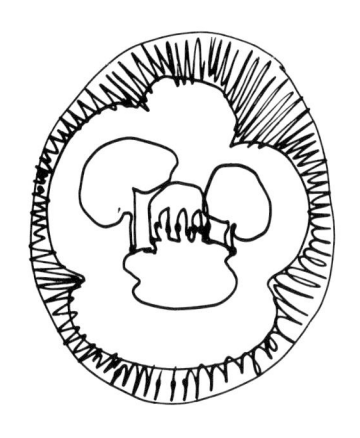

Allegorische Landschaften in Porzellan.
Links oben: »Drei Äpfel«, Durchmesser 9,5 cm, 1977;
links unten: »Symbolische Landschaft«,
Durchmesser 14 cm;
unten: »Geburt eines Flusses«, Durchmesser 18 cm, 1976

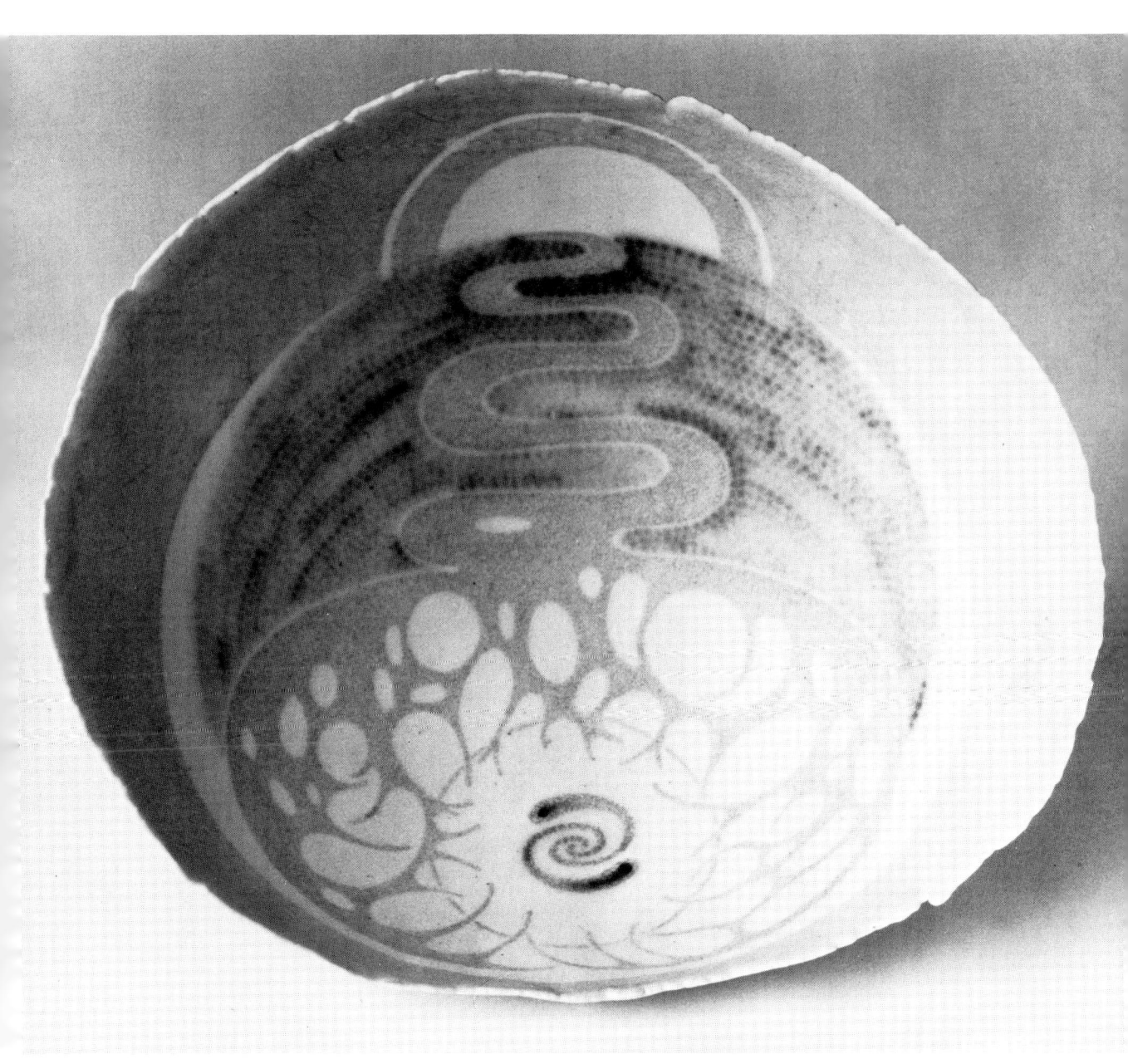

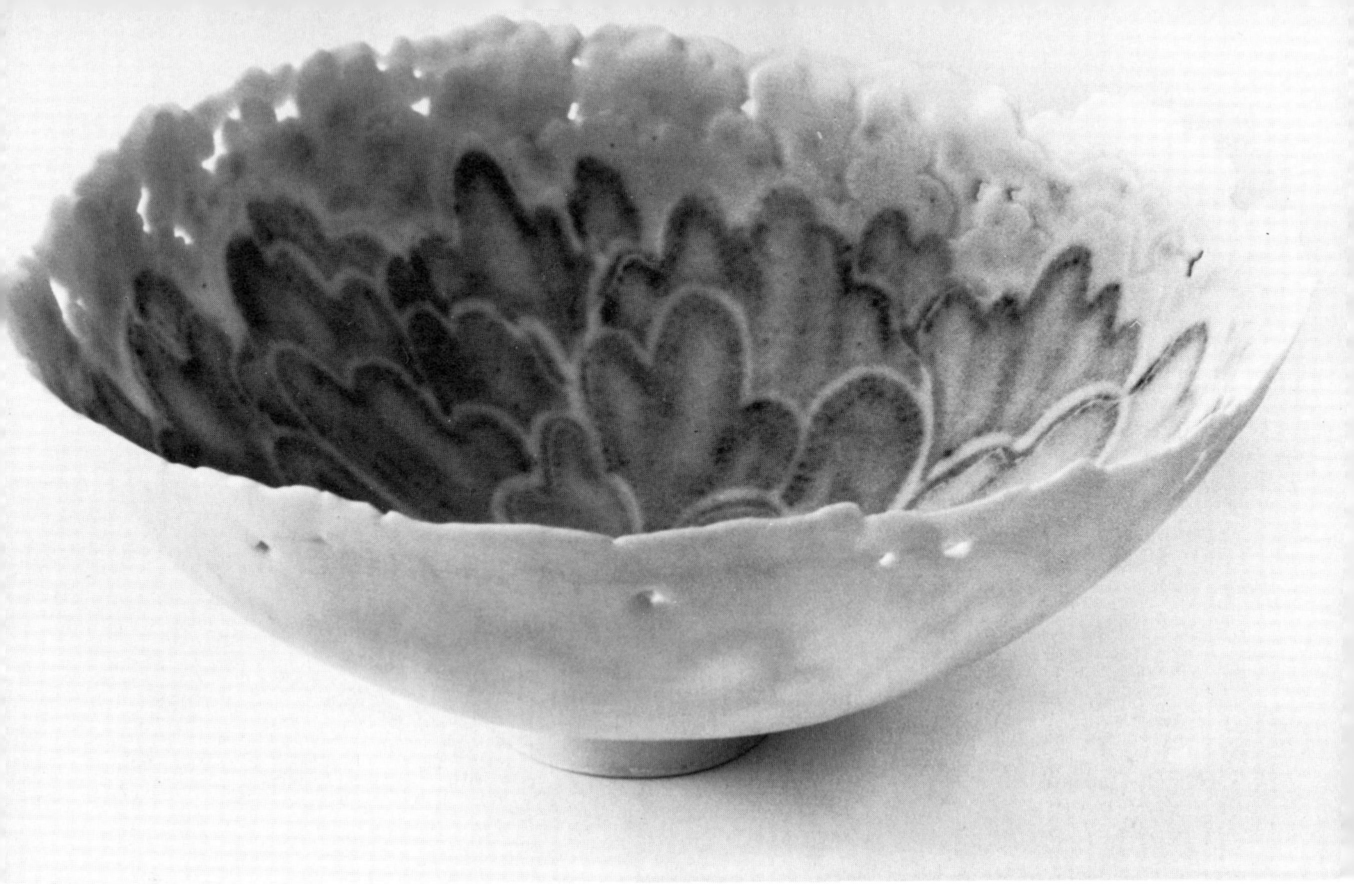

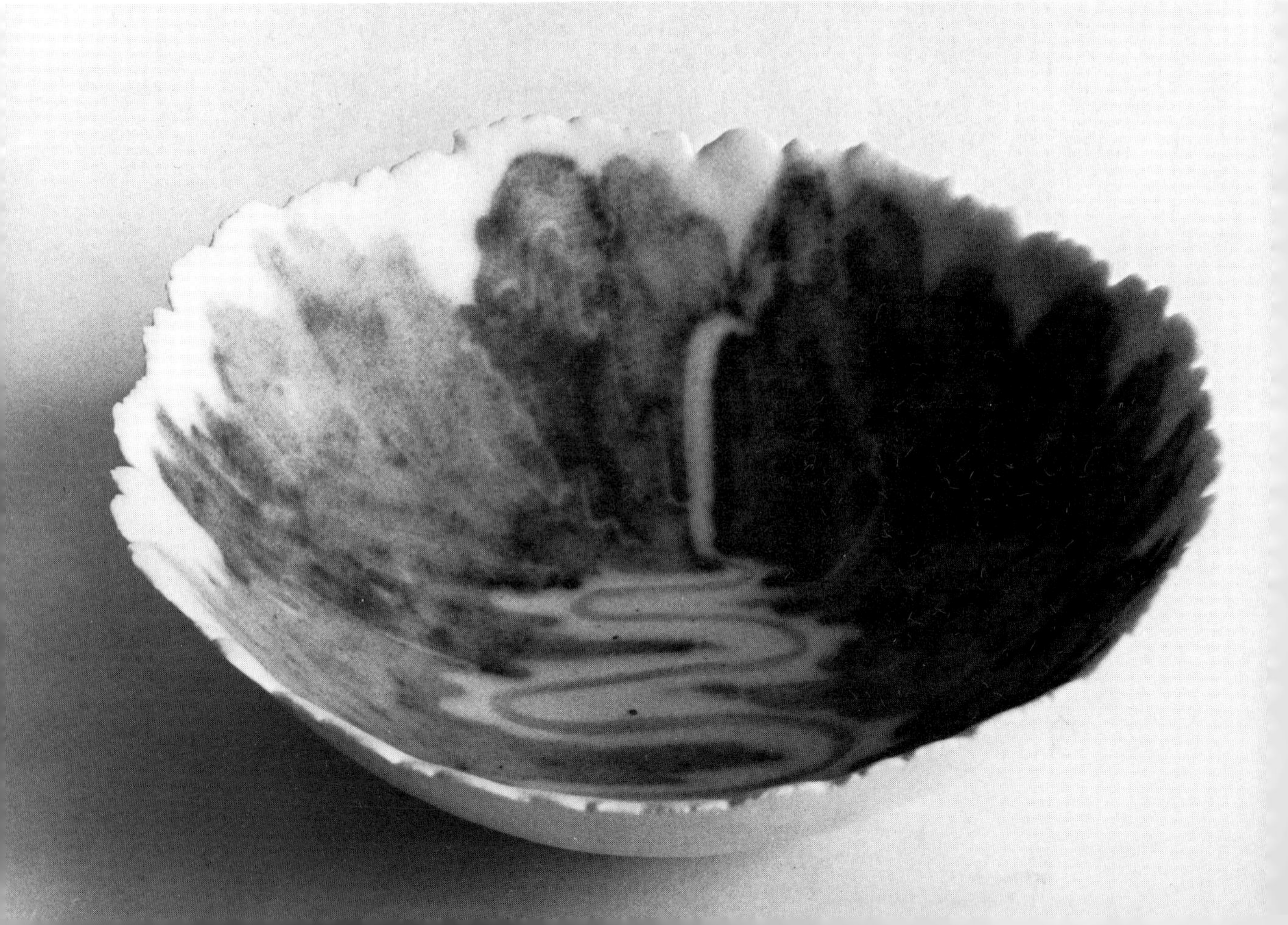

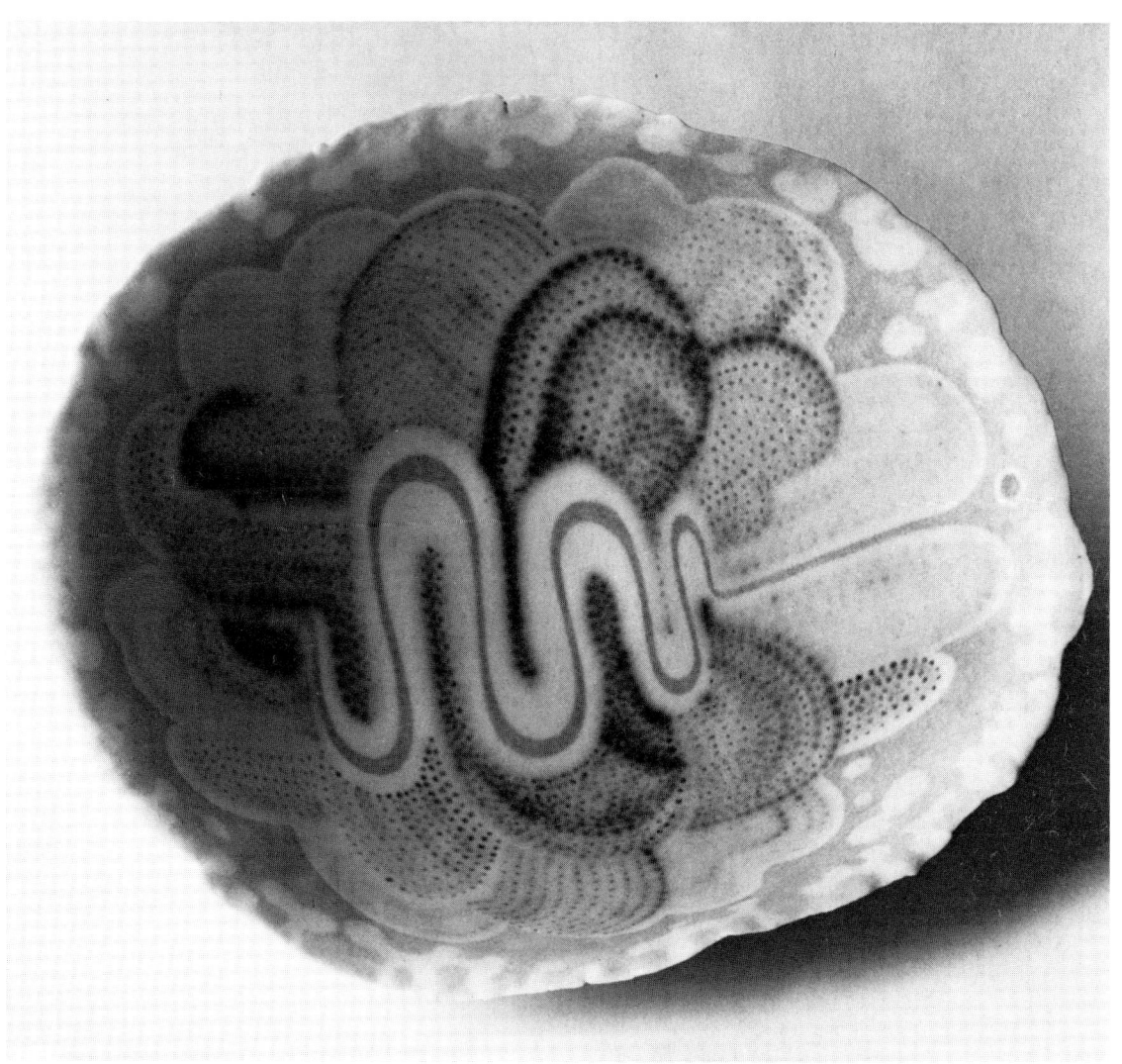

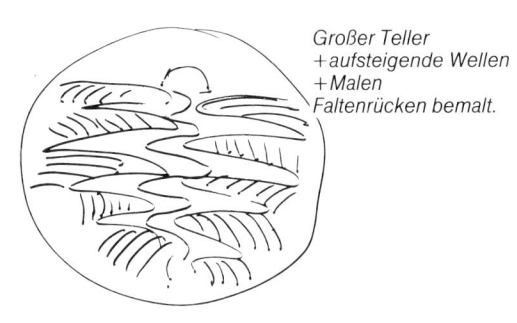

*Großer Teller
+ aufsteigende Wellen
+ Malen
Faltenrücken bemalt.*

Oben links: »Blaue Hügel mit geschnitztem Saum«,
Durchmesser 16,5 cm, 1975;
unten links: »Eingeschlossenes Tal«,
Durchmesser 15 cm, 1975;
oben: »Flußtal«, Durchmesser 18 cm, 1975·

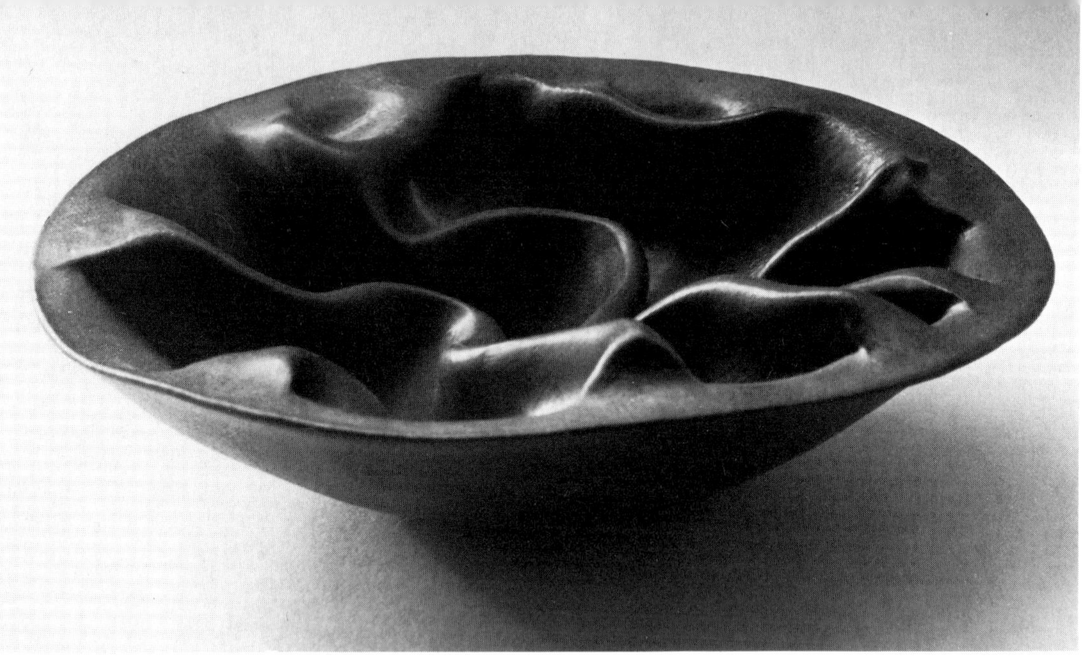

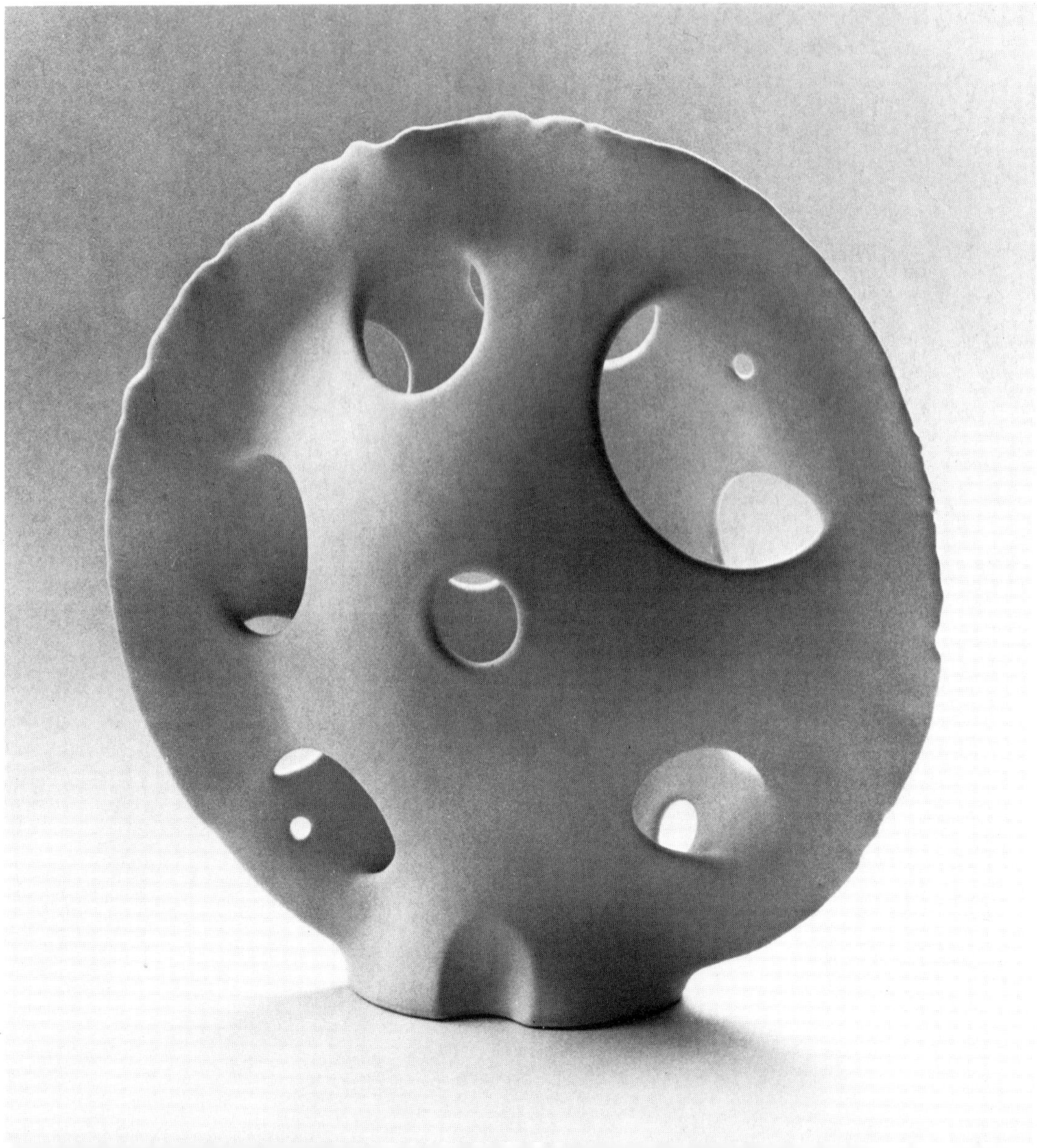

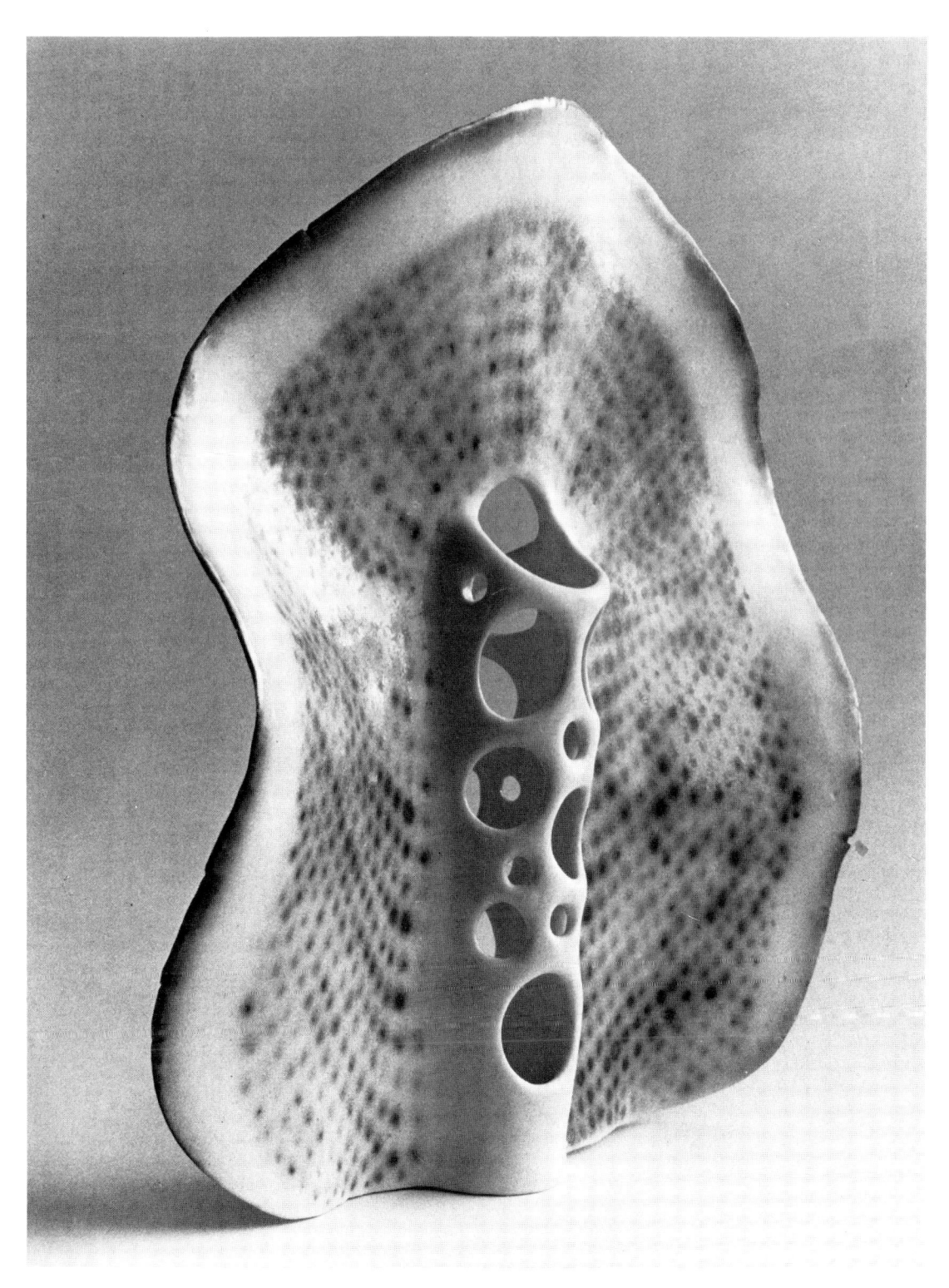

Diese und die folgenden Seiten zeigen Beispiele
für Doppel- und Dreifachformen.
Die Stücke werden einzeln aufgebaut oder gequetscht
und dann in derselben Weise miteinander verbunden
wie Fußringe und Töpfe.

Entstanden von 1972 bis 1975;
Maße von 11,5 cm Durchmesser bis 18 cm Höhe.

56

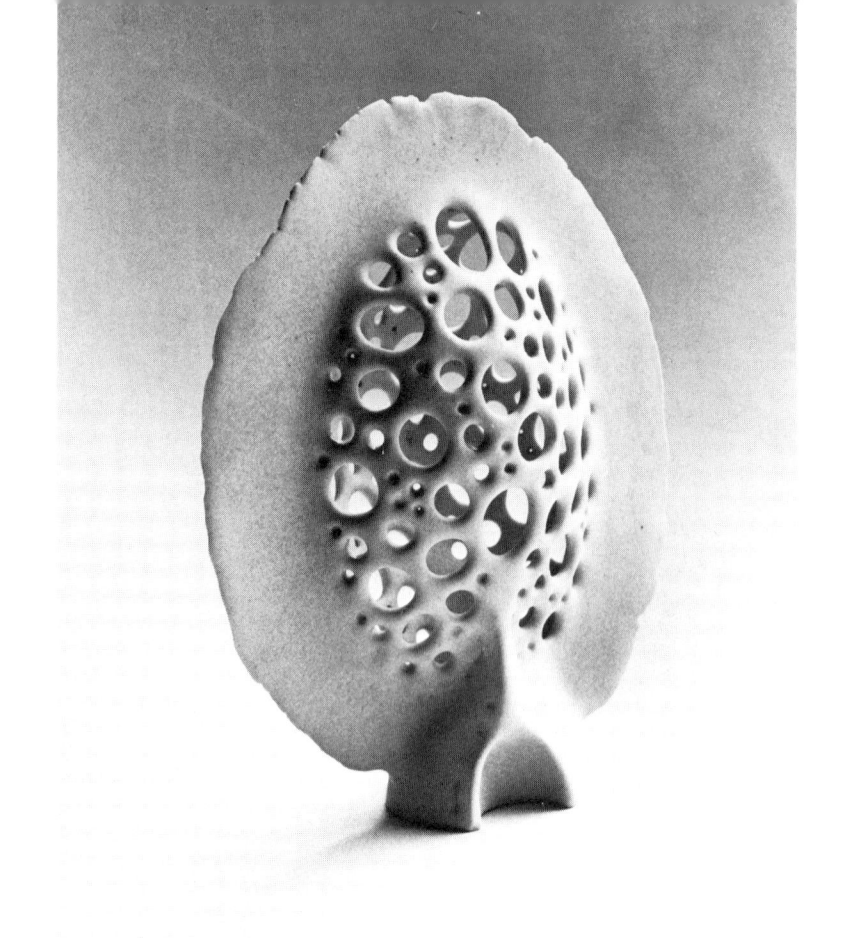

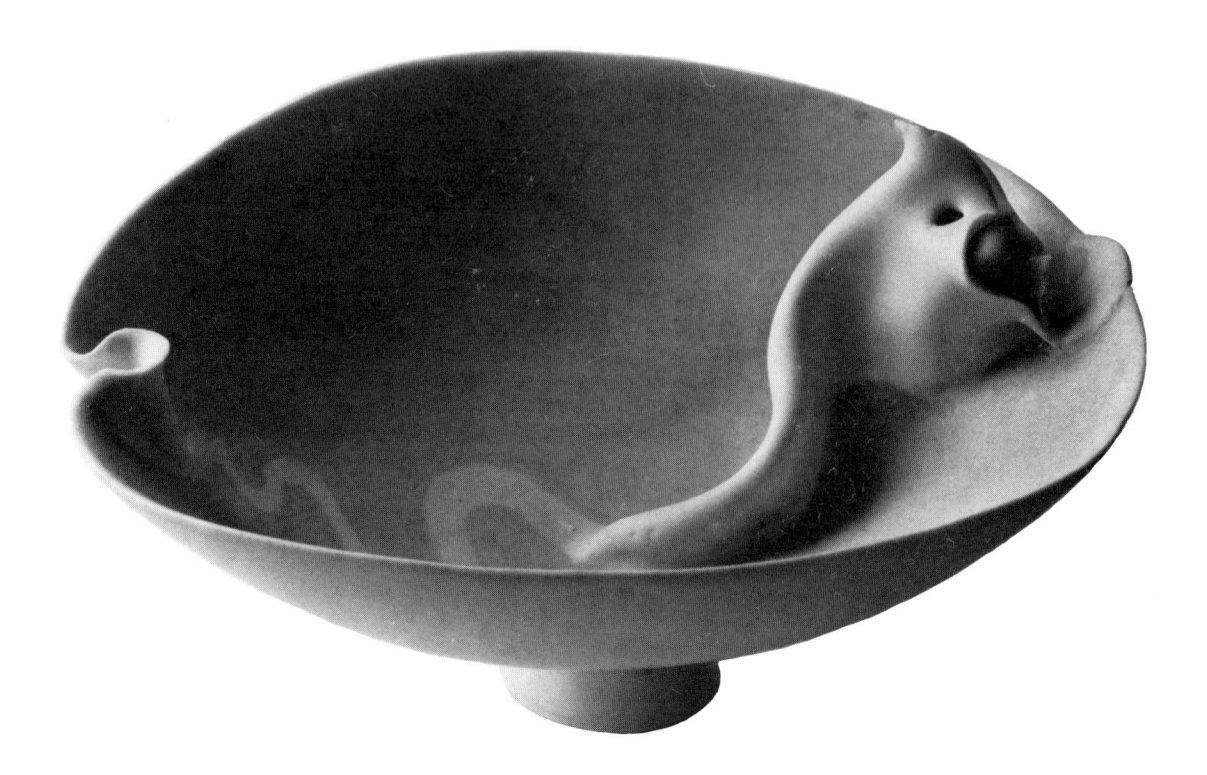

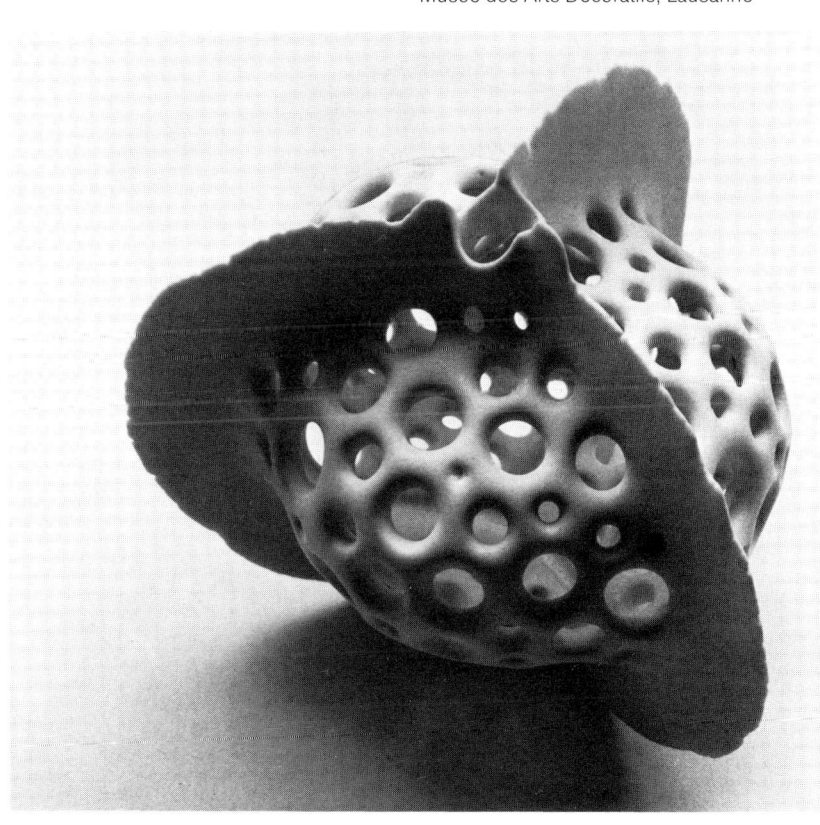

Unten: Drei einzeln gequetschte Stücke aus Porzellan, geformt wie Segmente einer Orangenschale und an den Rändern zusammengesetzt. Die Nahtstellen wurden zu flügelartigen Rippen modelliert, die im Innern eine erst zum Schluß durchlöcherte Kugel umspannen.
Durchmesser 9 cm, 1974.
Musée des Arts Decoratifs, Lausanne

Deckelgefäße.
Der linke Topf hat einen tief eingeschnittenen, die ganze Form überziehenden Dekor.
Höhe 15 cm, 1968.
Bei den unteren Gefäßen sind nur die Deckel geschnitzt und durchstoßen.
Durchmesser 7,5 cm, 1966

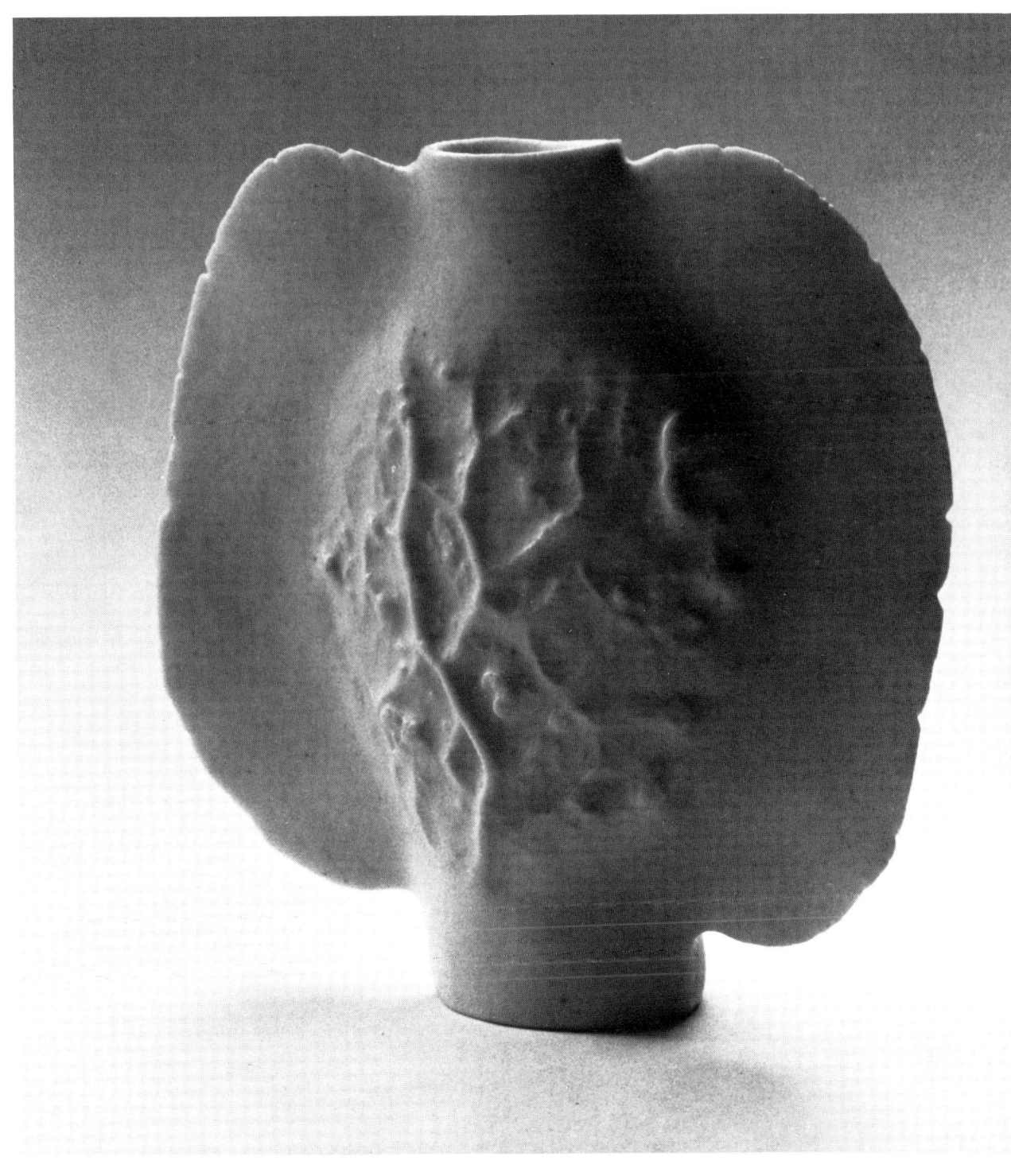

Das Muster dieses Topfes entstand
durch Einpressen eines stark verwitterten Steines.
Höhe 10 cm, 1973

2 QUETSCH- UND WULSTTECHNIKEN

Tonsorten

Die Techniken des Handformens sind eigentlich für jeden Ton anwendbar, und manche Formvorstellungen lassen sich – wenn auch mit unterschiedlichen Ergebnissen – in fast allen Tonsorten realisieren. Allerdings gibt es Ausnahmen: Zu einigen Formen gehört die felsige Dichte des Steinzeugs, zu anderen die schimmernde Zartheit des Porzellans, und wieder andere Formen verlangen nach der Erdigkeit von Irdenware. Vergleichen wir es mit der Musik: Manche Stimmungen interpretiert am besten das Cello, manche das Klavier, manche die Flöte. Und andererseits überzeugt ein auf der Trommel geschlagenes Liebeslied ebensowenig wie ein trompetengeblasenes Schlaflied. Auch wir Töpfer müssen das Material nach unserem jeweiligen Konzept aussuchen und es genauso überlegt und feinfühlig einsetzen wie ein Komponist die verschiedenen Instrumente. Selbstverständlich kann man die Dinge auch bewußt auf den Kopf stellen und Schockeffekte erzeugen. So mag ein Modeschöpfer einen Regenmantel aus Chiffon kreieren, damit man der gegenwärtigen »Linie« größere Aufmerksamkeit widmet. Das geschieht ohne Rücksicht auf jeglichen praktischen Wert und vielleicht auch einfach aus Spaß. Ein Dadaist entschließt sich, eine pelzüberzogene Teetasse zu machen, aber solche Dinge sind witzige Randerscheinungen, wobei die Absurdität von Material und Zweckmäßigkeit das eigentliche Thema ist. Solche Einfälle lassen sich nicht wiederholen, denn ihre Wirkung beruht auf dem Überraschungsmoment. Sie sind u. a. die sprichwörtliche Ausnahme, die eine Regel bestätigt, die Regel nämlich, daß die meisten Dinge an bestimmte Materialien gebunden sind.

Da wir den Verwendungszweck eines Regenmantels oder einer Teetasse genau kennen, spüren wir deutlich das Humorvolle des Chiffonregenmantels und der pelzüberzogenen Teetasse. Mit anderen Worten, bei einem praktischen Gegenstand, wie zum Beispiel getöpfertem Haushaltsgeschirr, sehen wir leicht ein, daß sich dieses Material für diesen Zweck eignet. Haben wir es aber mit einem funktionsfreien, kera-

Meret Oppenheim; »Le Dejeuner en Fourrure«

mischen Objekt zu tun, bei dem ein bestimmter Lebensaspekt zum besseren Verständnis in die Sprache des Tons übertragen wurde, muß die Überzeugungskraft des Materials sehr differenziert sein. Mit einem Ton, dessen Brennqualitäten womöglich unseren Absichten nicht genügen, findet der gewünschte Durchbruch nicht statt. Es entsteht bei uns wie bei anderen lediglich Verwirrung, und die ursprüngliche Idee bleibt in uns gefangen. Wir müssen also, um uns zu befreien und um zu einem klaren Ausdruck zu gelangen, alle Eigenschaften unseres Arbeitsmaterials – der Tone und Glasuren – durch und durch kennen, ganz gleich, was wir herstellen wollen. Keine noch so gute Technik kann uns über diesen Punkt hinweghelfen und uns die Auswahl des richtigen Materials abnehmen.

Wie entscheiden wir uns also?

Im Grunde sammeln wir unsere Kenntnisse natürlich durch ununterbrochenes Experimentieren und kritisches Beurteilen. Aber bestimmte Gedankengänge können diesen Weg abkürzen und uns viel unnütze Arbeit ersparen.

Die beiden Gruppen der Steinzeug- und Irdenwaretone geben uns schon durch ihren Namen den Hinweis auf die charakteristischen Merkmale ihrer keramischen Qualität. Steinzeug hat Ähnlichkeit mit Steinen, Irdenware mit Erden. Beim Porzellan verhält es sich nicht ganz so einfach, es sei denn, man greift auf den angeblichen Ursprung des Wortes zurück. »Porcellana« ist eine Ableitung aus dem italienischen *porcella*, was Kaurischnecke bedeutet. Die Kaurischnecke hat eine glatte, dichte, perfekt geformte, glänzende Muschelschale, deren durchscheinende »glasige« Oberfläche ein Gefühl der Tiefe vermittelt, so daß der Gedanke an Porzellan naheliegt und der damals vermutete Zusammenhang zwischen beiden verständlich erscheint. Im dreizehnten Jahrhundert benutzte der Venezianer Marco Polo in seinen Reiseberichten aus China das Wort »porcellana«, um chinesisches Porzellan zu beschreiben. Aber diese Bezeichnung war offensichtlich bis zum sechzehnten Jahrhundert in Europa nicht allgemein üblich. In der Tat muß die Ähnlichkeit zwischen den typischen Eigenschaften des Porzellans und der Kaurimuschel für die damaligen Menschen so plastisch gewesen sein, daß noch 1516 Odoardo Barbosa aus Lissabon nach seiner Chinareise zu berichten weiß, der Hauptbestandteil der Porzellanmassen seien gemahlene Kaurimuscheln.[2] Übrigens scheint Marco Polo das nicht geglaubt zu haben; seine Schilderungen waren in diesem Punkt sehr genau und gründlich und zeugen von seiner Kenntnis, daß Porzellan aus »einer bestimmten Erde« gemacht wurde.

Das Porzellan in seiner Zartheit und Kostbarkeit wird sofort naturhafter, wenn wir wissen, daß die Kaurischnecke – auch Porzellanmuschel genannt – ihren Namen gegeben hat, wie der Stein dem Steinzeug und die sonnengebackene Erde der Irdenware. Diese Analogien mögen uns bei der Entwurfsarbeit unterstützen.

Ausreifen

Erst wenn der Ton die richtige Konsistenz erreicht hat, läßt er sich mit Erfolg verarbeiten; seine Eigenart und vor allen Dingen seine Plastizität bestimmen weitgehend die Durchführbarkeit der einzelnen Formen. Im allgemeinen verbessert sich der Ton enorm durch möglichst langes Ausreifen bzw. Ablagern. Das ist seit langem bekannt, wie wir den *Reiseberichten von Marco Polo* aus dem dreizehnten Jahrhundert entnehmen können. Er beschreibt die Manufakturen in Tingui, China, und sagt: »... dort werden Tassen, Schalen und Teller als Porzellanware hergestellt. Den ganzen Hergang hat man mir wie folgt erklärt: Sie sammeln eine bestimmte Erde, so wie sie dort liegt, aus Minen, schütten sie auf einen großen Haufen, setzen sie Wind, Sonne und Regen aus und rühren sie dreißig oder vierzig Jahre überhaupt nicht an. Auf diese Weise verfeinert sich die Erde und wird für die Herstellung der obenerwähnten Gefäße brauchbar. Alle nur denkbaren Farben werden dann sauber aufgetragen, und anschließend läßt man die Ware in Brennöfen oder offenen Feuern backen. Folglich graben und sammeln die Leute jene Erde für ihre Kinder und Enkelkinder.«[3]

Leider sind wir meist nicht in der glücklichen Lage, solch weitblickende Großeltern zu besitzen! Aber jedes Ablagern des Tons auch für kurze Zeit ist von Vorteil, selbst bei den überfeinerten Industriemassen, die wir beim Händler beziehen.

Kneten

Nach dem Prozeß des Reifens muß der Ton durch und durch geknetet werden, damit die Plastizität sich gut verteilt und eingeschlossene Luftblasen verschwinden. Hierfür gibt es verschiedene Methoden, zum Beispiel das Schneiden und Ineinanderschlagen des Tons oder das spiralförmige Kneten. Ich selbst bevorzuge dieses aus Japan kommende Spiralkneten in den meisten Fällen. Der rhythmische Ablauf von Rollen, Hochheben und kreisendem Herunterpressen der Tonmasse ist wirksam und angenehm. Das Tonstück kann von unterschiedlicher Größe sein: Entweder nehmen wir die abgepaßte Menge für einen einzelnen Topf oder eine Menge für mehrere Töpfe. Man bringt den Tonklumpen auf der Werkbank locker in die richtige Lage und dreht ihn langsam kreisend mit der unterstützenden Hand, während der Ballen der anderen Hand die Masse wieder und wieder aus dem Rund nach unten ins Zentrum preßt, so daß eine spiralige Muschelform entsteht. Dabei läuft die Kraft vom Nacken abwärts durch Schultern, Arme und Hände direkt in den Ton, und die leicht schwingende Kreisbewegung findet dort im Drehen und Herunterdrücken ihren natürlichen Akzent. Die Japaner nennen diese Methode »nejimomi«, wörtlich übersetzt »Drehkneten« oder »kikumomi« – »Chrysanthemenkneten« – womit sie poetisch auf das äußere Bild des Tonballens beim Kneten hinweisen.
Bei guten handgeformten Gefäßen kneten wir am besten die für jedes einzelne Stück erforderliche Tonmenge separat und benutzen sie sofort. Da bei der Quetschtechnik immer nur wenige Gefäße zur gleichen Zeit in Arbeit sind, ist das Kneten einer größeren Tonmenge nicht ratsam. Besonders die Porzellantone verlieren so schnell ihre Plastizität, daß ich selbst jeweils vom Kneten gleich zum Formen übergehe. Außerdem ruft dieses vorbereitende Hantieren mit dem Ton uns seine typischen Eigenschaften ins Gedächtnis zurück; wir haben Zeit zur inneren Sammlung, können uns lockern und sind dann in der richtigen Stimmung, um uns dem Topf zu überlassen. Beim Kneten haben wir schon bald begriffen, was der Ton will, d. h. welche Form er annehmen möchte. Wir spüren, ob der Klumpen in unseren Händen für ein großes, kompliziertes Stück plastisch genug sein wird, oder ob wir uns auf eine kleinere Form einstellen müssen; ob er zur Weiterverarbeitung zu feucht ist und etwas ruhen möchte, oder ob wir unseren Topf am besten erst einmal dickwandig hochquetschen und umgestülpt auf dem Rand trocknen lassen müssen, bevor wir ihn fertigmachen.

Konsistenz

Wenn das Quetschformen gut, leicht und angenehm von der Hand gehen soll, muß der Ton so durchgeknetet sein, daß sich jeder Abdruck von Daumen und Fingern deutlich abzeichnet; bei feinen Massen, zum Beispiel Porzellan, sollte selbst der leiseste Fingerdruck sichtbar sein. Auch darf der Ton nicht haftenbleiben; er muß beim Berühren und Anfasssen sauber aussehen und auf den Händen keine Spuren hinterlassen. Haben wir einen Ton von dieser Konsistenz, brauchen wir beim Formen nicht zu pressen. Es bedarf nur einer Reihe sanfter, rhythmischer Druckbewegungen, und die Gefäßwände wachsen hoch. Durch die Handwärme trocknet der Ton während der Arbeit, die Wände werden etwas fester, und wir können kräftiger zufassen, ohne die Form zu gefährden. Dieses natürliche Austrocknen des Tons im Verlauf der Arbeit ist von großer Hilfe, da auf diese Weise das Material tragfähiger und das kontinuierliche Wachsen der Form wesentlich leichter wird. Aber wie groß ist die Enttäuschung, wenn unsere Form halb fertig und der Ton einfach nicht mehr plastisch genug ist! Dafür mag es verschiedene Ursachen geben, einige sind vermeidbar, andere nicht. Vielleicht war der Ton von Anfang an zu »kurz«,

Eine gut durchgeknetete Tonkugel; sie hat gerade die richtige Konsistenz zum Quetschen und Bearbeiten.

d. h. nicht plastisch genug; vielleicht haben wir ein großes, kompliziertes Stück geplant, für das außer dem Ton zum Quetschen noch Ton zum Aufsetzen bereitliegen mußte, der mittlerweile aber zu trocken geworden ist; vielleicht war die Temperatur in der Werkstatt zu hoch und hat ein zu schnelles Austrocknen bewirkt. Und vergessen wir nicht die vielen Störungen, die von außen kommen. Um diese unvermeidlichen Unterbrechungen beim Formen zu überbrücken, halte ich immer ein paar Plastiktüten und verschieden große Stützen, wie Tassen und trockene Schwämme, bereit. So kann ich den Topf schnell luftdicht abschließen und auf einer Stütze ruhen lassen, bis ich zum Weiterarbeiten wieder frei bin. Während des Hochquetschens der Gefäßwände sollte am besten kein Wasser verwendet werden; gegen Ende der Arbeit befeuchte ich nur ab und zu die Finger, mit denen ich quetsche. Wasser täuscht uns leicht über die echte Plastizität des Tons hinweg, und wir finden beim Drücken nicht den richtigen Zugriff. Die Wandung wird schmächtig und verzerrt sich oder reißt, wenn sie uns beim Quetschen aus den Fingerspitzen gleitet. Wenn wir schon zu Anfang der Arbeit spüren, daß der Ton zu trocken oder zu unplastisch ist, machen wir aus dem Klumpen eine große Platte, besprengen sie mit Wasser, rollen sie zusammen und lassen das Ganze in einem Plastikbeutel ruhen. Bevor die Masse später wieder verarbeitet wird, muß man sie natürlich erneut gründlich kneten.

Quetschen

Unsere Arbeit nimmt den besten Verlauf bei ruhiger, entspannter Konzentriertheit. Den Tonkloß in der einen Hand, drückt der Daumen der anderen sanft ins Zentrum der Masse, die dabei langsam gedreht wird. Man benutzt zum Quetschen das Daumenpolster, nicht so sehr die Spitze. Mit der Daumenkante rundet man dann unter fortgesetztem Drehen des Tons den Boden. In diesem Stadium entscheidet sich bereits weitgehend, was für eine Form der Topf annehmen kann, denn hier liegt sozusagen der Wurzelgrund, aus dem die endgültige Form wächst. Folglich muß von Anfang an die genaue Linienführung eingehalten werden. Bei einem Stück mit schmalem, relativ scharfkantigem Boden ist der Formansatz leicht. Man greift dann mit dem Finger der einen Hand in die Höhlung und formt die Masse gleichmäßig über der Fingerkuppe und dem Daumenpolster der anderen Hand aus. Beabsichtigt man eine weitgeschwungene, flache Form, so muß der Ton nach dem Aufbrechen mit gerundetem Daumen zu einem breiten Boden gedrückt werden. Dieser soll, welche Form man auch gestalten will, gleich zur endgültigen Stärke gequetscht werden, besonders bei größeren Stücken, da man später mit dem Daumen nicht mehr tief genug hineingreifen kann. Sind die Wände schon zu hoch geraten, läßt sich die Form bis zu einem gewissen Grad später noch korrigieren; und zwar stülpt man das Topfinnere

63

Die Tonkugel wird mit dem Daumen geöffnet, wodurch eine dickwandige, hohle Form entsteht, wie der Querschnitt (unten) zeigt.

über die ganze Hand und überarbeitet dann das Äußere mit Daumen oder Fingern der anderen Hand. Aber mir erscheint das recht ungeschickt und auch überflüssig, da alles zu einem früheren Zeitpunkt viel einfacher geschehen kann.

Nach Fertigstellen des Bodens werden die Wände allmählich gedünnt und aufwärts getrieben. Dabei quetscht man den Ton sanft zwischen Finger und Daumen in einer Reihe von Rundläufen und gibt acht, daß beim Höhersteigen die oberen Druckstellen die darunterliegenden ein bißchen überlappen. Die Gleichmäßigkeit des Drucks von Daumen und Zeigefinger sowie die Gleichmäßigkeit der dazwischenliegenden Abstände sollte das Hauptziel sein. Die Arbeit muß langsam, rhythmisch und mit natürlicher Selbstverständlichkeit wachsen. Bei einer kleinen Form oder einer ziemlich dickwandigen genügt meist der einmalige Anstieg vom Boden rundum die Wände hoch bis zum Rand. Wollen wir aber, wie evtl. beim Porzellan, Eierschalenstärke erreichen oder aus anderer Tonmasse ein größeres Stück herstellen, so sind viele Quetschreihen erforderlich. Diese müssen ein weiteres Mal überarbeitet werden, wobei sich der Druck auf die leicht erhöhten Stellen zwischen den Fingereindrücken und den einzelnen Reihen konzentriert.

Dünngequetschter Porzellanton wird durch das Hantieren sehr schnell trocken. Anders verhält es sich mit dem schwereren Steinzeugton. Bei ihm müssen wir damit rechnen, daß während des Größerwerdens die Gefäße absacken. In diesem Fall legt man am besten die wachsende Form auf die Seite, damit sie von Hand und Handgelenk Unterstützung findet, oder – wenn das nicht möglich ist – läßt man das Ganze, umgedreht auf dem Rand ruhend, etwas trocknen und fester werden. Man kann gut zu gleicher Zeit an zwei oder drei Töpfen arbeiten, damit der rhythmische Schwung während der Wartezeit nicht verlorengeht.

Beim Dünnen einer ziemlich dicken Wandung wird der überschüssige Ton vom Boden her nach oben, innen wie außen, in

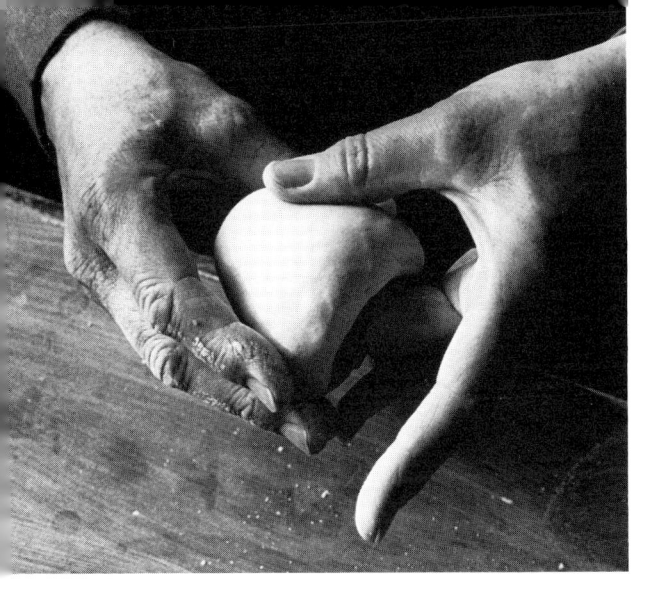

Beabsichtigt man eine steil verlaufende,
kegelförmige Basisform,
führt man in die Höhlung der aufgebrochenen Kugel
einen Finger und modelliert den Ton darüber.
Um einen breiten, runden Boden zu formen,
streicht der Daumen den Ton
zu der geplanten Weite und Dicke,
was die Querschnitte verdeutlichen.
Diese Arbeit muß gleich zu Anfang durchgeführt werden,
da Daumen und Finger nicht mehr bis zum Boden reichen,
wenn die Form erst einmal hochgewachsen ist.

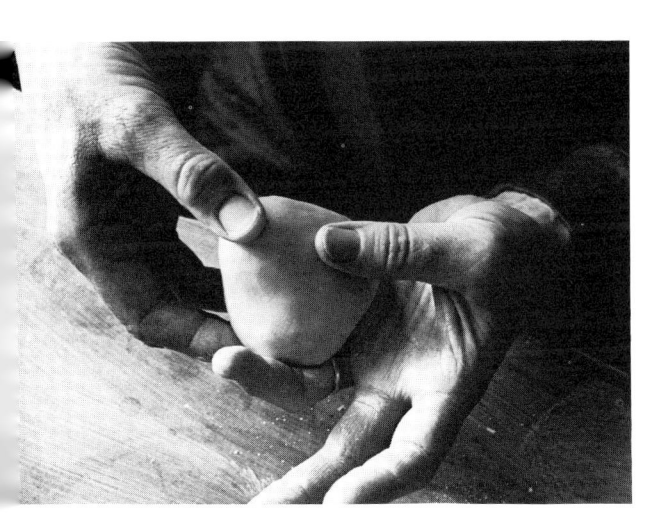

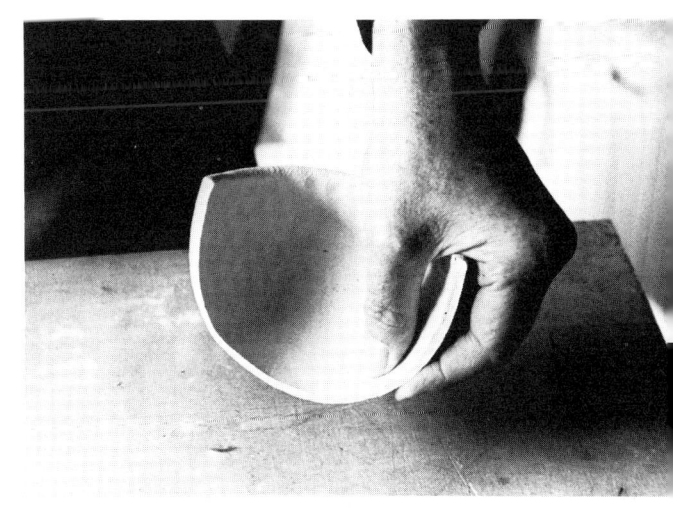

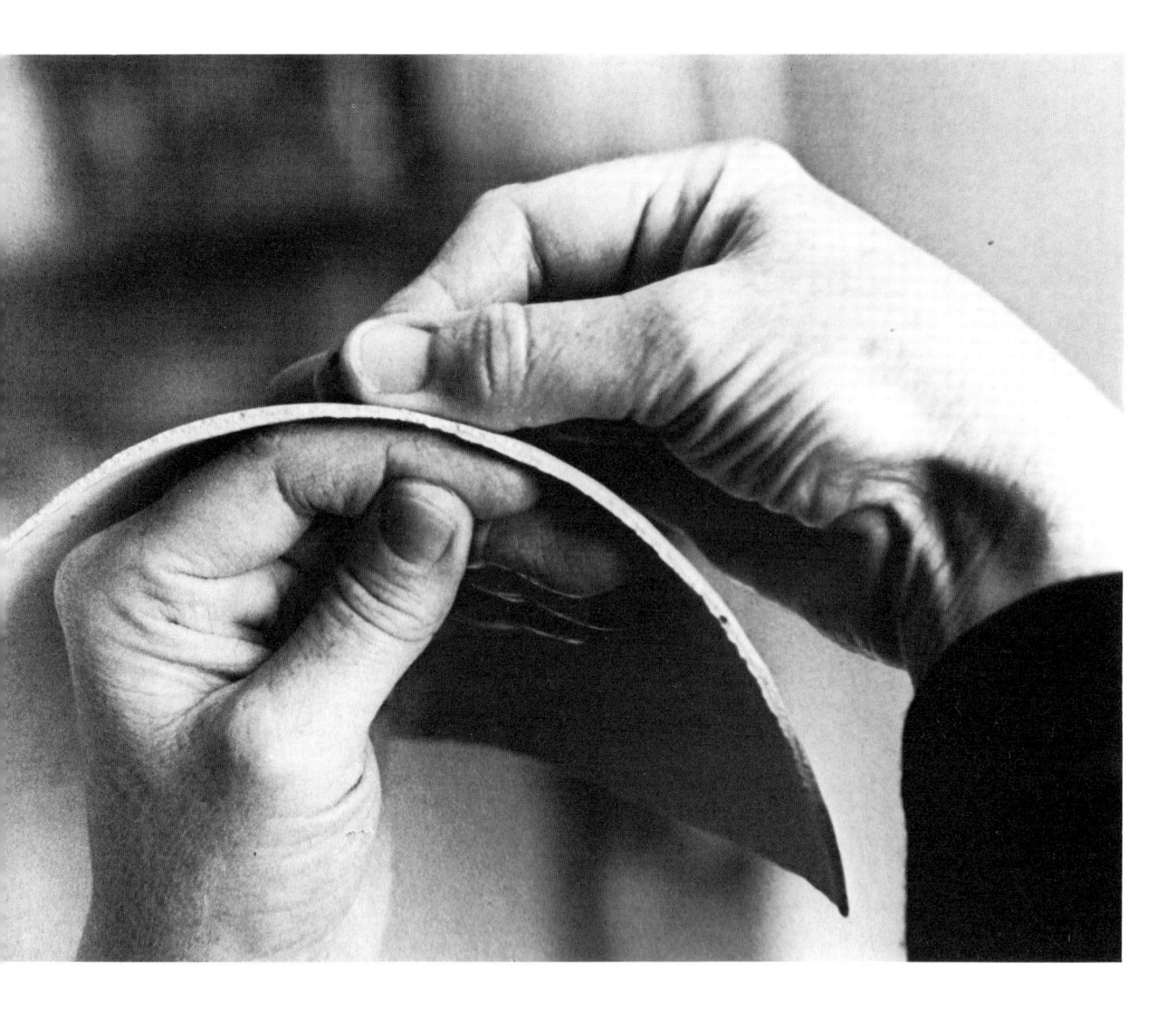

die Oberfläche so glatt wie möglich wieder eingearbeitet. Trotzdem erscheint mir ein ausgleichendes Verteilen zu ebenmäßiger Dicke anschließend oft noch notwendig zu sein.

Soll das Gefäß aus einer Rundung nach innen schwingen, muß es oben behutsam zwischen jeder Quetschreihe zusammengedrängt werden, damit es enger wird. In der Töpfersprache heißt das: Einen Kragen setzen. Leichte Falten und Tonüberschüsse sind auch da unvermeidlich; man arbeitet sie fortlaufend in die Arbeit wieder ein. Bei einer sich nach oben öffnenden Form wird der Ton von innen hochgeholt und nach außen gestrichen. Die Verdickungen am Rand müssen zum Schluß gleichmäßig verquetscht werden.

Ränder

Die unebenen und gewellten Ränder bei einem handgeformten Stück sind die natürliche Folge seiner Entstehungsart. Sie stellen den selbstverständlichen Abschluß der Gefäßwände mit ihrer ungleichmäßigen Kurvenführung dar. Wenn sich das Ganze in einem guten Gleichgewicht befindet und anmutig wirkt, kann man die Ränder so lassen; man mag ein charakteristisches, ausdrucksvolles Merkmal der Quetschmethode darin sehen. Vielleicht möchte man diese unwiederholbaren Unregelmäßigkeiten durch feines Ausmodellieren sogar noch unterstreichen und mit zarten Rissen, Biegungen und Kräuselungen das organische Element der Arbeit stärker her-

Links: Bei größeren Gefäßen dient eine Hand innen als Stütze, über die der Ton mit den Fingern der anderen Hand geformt wird.

Die Tonwandung wird allmählich von unten nach oben aufsteigend in Reihen von leicht übereinander greifenden, rhythmischen Quetschbewegungen immer weiter gedünnt, siehe Querschnitt (oben), bis eine gleichmäßige durchgehende Dicke erreicht ist, siehe rechts.

Die Querschnitte (unten) zeigen, wie ein kleiner, dickwandiger Topf nach und nach durch Quetschen immer dünner und größer wird.

vorheben. Aber falls ein glatter, »sauberer« Rand bevorzugt wird oder zu dem Entwurf gehört, schneidet man den oberen welligen und rissigen Ton mit einer Nadel, Klinge oder Schere ab. Je nach Wunsch ergibt das eine deutlich geschwungene oder klare waagerechte Linie. Alle rauhen Schnittkanten müssen anschließend mit dem feuchten Finger geglättet werden, damit sie sich angenehm anfassen und den taktilen Genuß, den gute Keramik vermittelt, nicht stören.

Der Rand ist die wichtige Stelle, wo die äußere Form ihre Richtung wechselt und in die innere Form übergeht; darum sollte Entschiedenheit von ihm ausgehen, so unregelmäßig und uneben er auch sein mag.

Es darf niemals der Eindruck des Zufälligen entstehen; der Rand muß überzeugend als einzig richtiger Abschluß für dieses Gefäß und seine Linienführung empfunden werden.

Am Rand kann man den Topf glätten
oder noch feiner zu einer gewellten Kante quetschen.

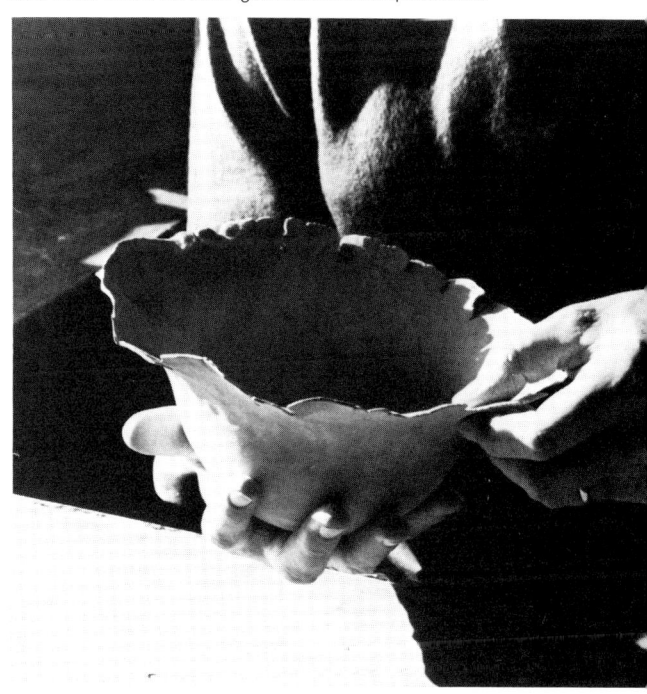

Ein unregelmäßiger Rand
wird mit einer Nadel abgeschnitten.

In dieser unbezwingbaren und gleichsam makellosen Progression der Form, die ihre Materie entsprechend dem schicksalhaften Fortschreiten ihrer Konvolutionen nach innen holt und sich entwickelt, gewissermaßen ihre eigene Zeit schafft, bewundern wir das Zusammenspiel von *Rhythmus,* gekennzeichnet durch die Regelmäßigkeit der Flecken und Wirbel und der *Unteilbaren Bewegung.* Es ist wie das Sehen von Musik. Die Korrespondenz oder Ornamentierung bei den gereihten Rippen deutet auf einen Kontrapunkt hin, während die Kontinuität das Hauptthema der rotierenden Oberfläche durchspielt.

Jäh muß es aber zu einem Ende kommen. Diese sonderbare Windung muß aufhören, inneres Perlmutt und das Grobe der äußeren Schale sollen sich treffen, beide Substanzen der Muschel ihre Unterschiede aufheben, es muß entweder dahinschwinden oder sich erklären, während zu gleicher Zeit die Form in ihre Vollendung tritt durch einen Entschluß, den es noch zu treffen gilt.

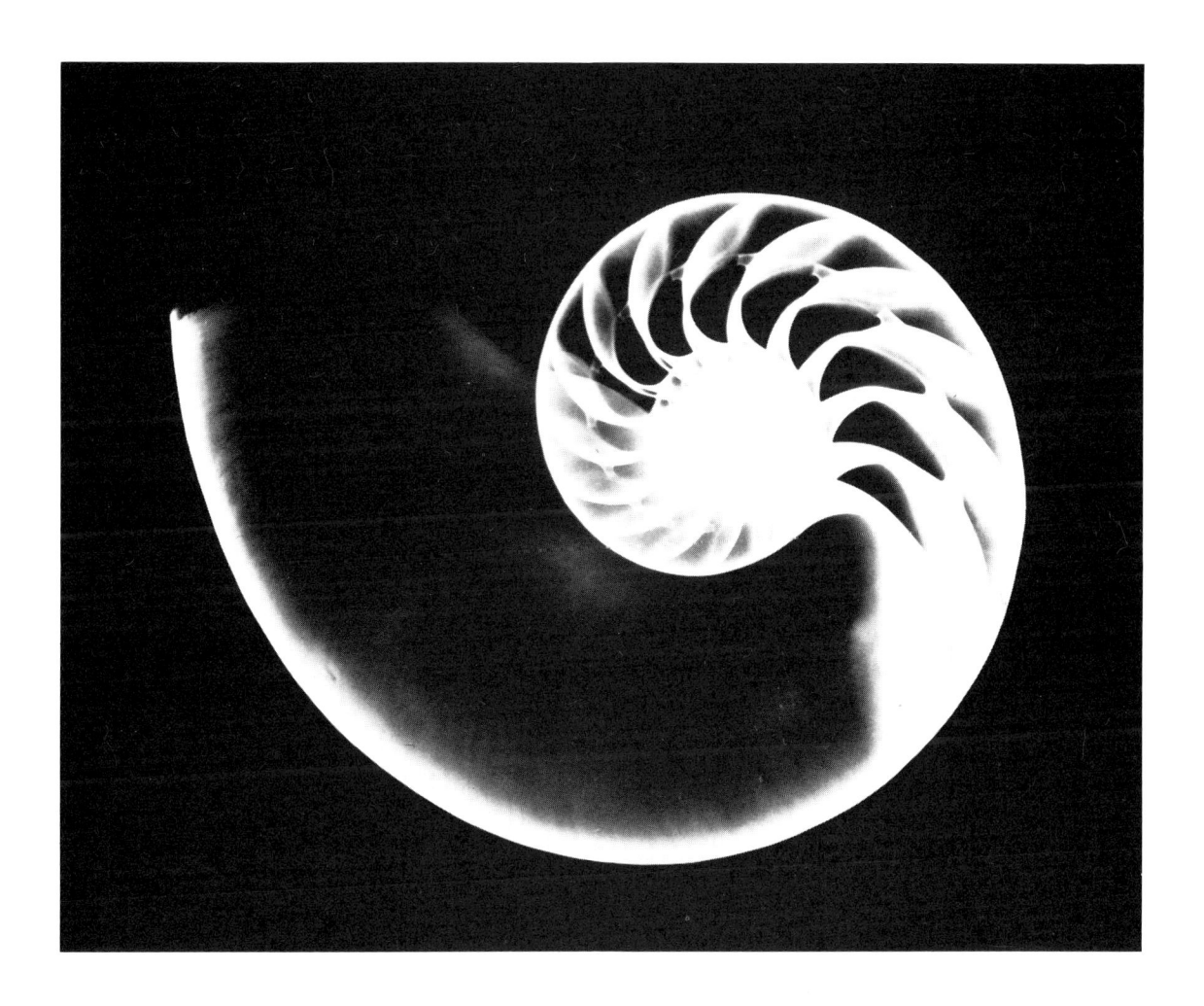

Dieses ist ein Problem von umfassender Bedeutung. Die lebendige Natur muß es überall dort in ihrer Entfaltung lösen, wo sie Extremitäten modelliert oder Höhlungen, Röhren bildet, die die Außenwelt erreichen sollen. Dem Geist schwindelt beim bloßen Gedanken, die unzähligen imaginierten Lösungen analysieren zu müssen... Die Natur weiß, wie sie eine Pflanze vollendet, wie sie Nüstern öffnen muß, einen Mund, eine Vulva, wie sie die Fassung für einen Augapfel bildet; plötzlich, bei der Entstehung eines Ohrgehäuses, denkt sie an die Seemuschel, die Ohrmuschel wird um so komplexer ausgestattet, je feinhöriger die Spezies sein soll.

In der Tat, selbst einen Mathematiker muß es verblüffen, wenn am Ende der Röhrengang breit aufwellt, zurückbrandet, überschwappt und ausfließt in ungleiche Lippen, die fleischern sich öffnen und im Schoß des mildesten Perlmutts den sanft geneigten Ansatzpunkt zu einem inneren Wirbel enthüllen, der sich zurück ins Dunkel verliert.

Übersetzung der englischen Ausgabe »Man and Seashell« aus »Aesthetics« von Paul Valéry. (Anm. d. Übers.)

Stützen

Wenn die Hauptform fertig ist, fehlt dem Ton oft noch die notwendige Festigkeit, um sich selbst zu tragen; in diesem Fall können improvisierte Stützen zu Hilfe genommen werden. Dabei muß die Form entweder in oder über etwas Stützendem ruhen, und manchmal läßt sich ein Gefäß zum Stabilisieren auch ausstopfen. Am wichtigsten ist, daß die Stütze, welcher Art sie auch sein mag, die weiche Tonform während des Trocknens nicht beengt und keine Kerben oder Deformationen hinterläßt.

Für ein rundes Gefäß mit nach außen gebogenem Rand, fest genug, um nicht abzusacken, kann eine Tasse mit leicht ausgestellter Öffnung eine sehr gute Stütze sein, die sich nicht in den Ton eingräbt. Ist die Arbeit aber noch so weich, daß Form und Boden sich nicht halten können, hängt man sie am besten über etwas Rundes, zum Beispiel einen Ball. Verschieden große Kinderbälle sind ideal dafür; man muß sie allerdings mit einem Gewebe oder mit einem Perlonstrumpf überziehen, damit der feuchte Ton nicht haftenbleibt. Der Topf sollte locker über die Stütze gehängt und abgenommen werden, sobald der Ton sich festigt. Ist er einmal trocken, gibt es Schwierigkeiten mit dem Abheben, ja manchmal ist es unmöglich, die Stütze zu entfernen. Zylindrische oder nach innen schwingende Formen können praktisch in jeder Schale passender Größe untergebracht werden; wenn notwendig, stopft man die Zwischenräume mit Schaumstoff aus. Auch die asymmetrischen Gefäße können auf diese Weise beim Trocknen abgestützt werden. In einer geräumigen Schale setzt man Pfropfen aus Schaumstoff unter die herausragenden Teile. Manchmal lege ich unter die noch weichen Tongefäße über Kreuz aus Einkaufstüten geschnittene Plastikstreifen, deren Enden ich beim Hochheben als Schlaufen benutzen kann. Bei senkrechten Säulenformen oder solchen mit weit überhängenden Partien haben sich während des Trocknens unterstützende »Gerüste« aus Schaumstoff immer noch am besten bewährt. Falls das Gefäß schon im Laufe der Arbeit durch die Handwärme soviel Festigkeit erlangt hat, daß seine Form bis auf die feuchtere Bodenkante sich halten kann, setzt man es auf einen fast trockenen Schwamm, der noch etwas nachgibt. Dort ruht das Ganze besser als auf einer harten Unterlage, und es kann ungefährdet bis zur vollen Tragfähigkeit trocknen.

Der Boden eines Topfes
kann für die Zeit des Festigens
von einer Tasse gehalten werden.
Sind die Wände noch zu schlapp,
stülpt man das Ganze
über einen mit Perlon bezogenen Ball,
wie das untere Foto zeigt.

Fußringe

Formen, die in sich selbst ohne zusätzlichen Fußring vollkommen sind, stehen nach dem Brand meist besser, wenn der Boden in lederhartem Zustand etwas ausgehöhlt oder leicht nach innen vertieft wird. Das geschieht durch leichtes Nach-Innen-Drücken des Bodens mit dem Finger, solange der Ton noch weich genug ist. Sollte er dafür schon zu trocken sein, kann man auch eine kleine Vertiefung auskratzen oder ausschaben. Diese Vorsicht lohnt sich, denn beim Brennen kann an der Stelle, wo der Boden auf der Ofenplatte ruht, eine leichte Wölbung auftreten, so daß der Topf zum Schluß wackelt und nicht fest steht. Manchmal braucht eine Form zu ihrer Vollkommenheit einen Fußring, der das Ganze anhebt und zum »Schweben« bringt. Dieser Fuß- oder Standring wird mit dem Gefäß in lederhartem Zustand verbunden. Den Tonstreifen für den Ring stellt man durch Ausrollen, Quetschen oder Klopfen aus einem Tonklumpen her. Der Streifen wird dann in der passenden Länge und Breite zugeschnitten und zu einem Kreis zusammengefügt. Selbstverständlich sind die richtigen Proportionen ungeheuer wichtig. Ich selbst ermittle die passenden Maße durch einfaches Ausprobieren, und zwar mit Hilfe einer Sammlung loser, improvisierter Ringe verschiedener Höhen und Durchmesser. Das ist eine sichere und relativ schnelle Methode. Ich setze die betreffenden Formen auf diese kleinen Ringmodelle – sie mögen aus Kartonpappe, festem Papier, Garnrollen oder geschrühten Tonfüßen von mißlungenen Töpfen bestehen –, und dann suche ich mit dem Auge die geeignete Ringgröße aus. Übrigens sind unglasierte Ausschuß-Fußringe auch ideale Brennstützen, wobei man natürlich darauf achten muß, daß nur unglasierte Teile verwendet werden, andernfalls brennen sie auf der Oberfläche fest. Hat man sich für eine bestimmte Größe des Fußringes entschieden, kann der Tonstreifen zugeschnitten werden. Die Enden sollten sich in einem Winkel von 45 Grad treffen; so zusammengefügt und -geschlickert, entsteht der gewünschte Fußring.

Ausprobieren eines Fußringes hinsichtlich Größe und Sitz, bevor er mit dem Topf verbunden wird.

Schlicker

Man verwende immer nur Schlicker, der aus eigenem Ton hergerichtet ist. Trockene Tonschnipsel und Abschabsel werden zu Pulver gestoßen, und es wird so lange Wasser hinzugemischt, bis ein matschiger Brei entsteht; Tonpulver vermischt sich viel bereitwilliger als plastische Tonmasse. Damit man nicht jedes Mal, wenn man etwas Schlicker braucht, den Arbeitsfluß unterbrechen muß, hält man am besten in beschrifteten Dosen vorbereitetes Tonpulver jeder Tonsorte zur Verfügung bereit.

Ansetzen des Fußringes

Aufgrund der leichten Asymmetrie jedes handgeformten Gefäßes liegt der Schwerpunkt nicht unbedingt in der Mitte des Bodens. Es bedarf deshalb immer noch einiger Korrekturen per Augenmaß und eines sorgfältigen Ausbalancierens, um den besten Sitz des Topfes auf seinem Fuß herauszufinden. Danach markiert man unter dem Boden mit einem Stift den endgültigen Platz für den Fußring. Dieser wird auf der oberen Kante mit Schlicker bestrichen und sachte an die bezeichnete Stelle gedrückt. Mit einem Modellierhölzchen holt man etwas Ton vom Gefäß nach unten und arbeitet ihn in den Fußring ein; außerdem wird Ton vom Fußring nach oben in das Gefäß geschoben, sowohl an der Außen- wie Innenkante des Ringes. Zusätzlich können ganz dünne, sehr plastische Tonröllchen um die Anschlußstellen von Topf und Fuß gelegt werden. Diese Tonzugaben mögen verschiedene Funktionen erfüllen: Verstärkung der Fuge, Verbessern des Profils oder Erhöhen der Standfestigkeit. Letzteres ist bei weit ausladenden Porzellanformen oft erforderlich. Beim Aufsetzen dieser dünnen Röllchen ist das oben geschilderte Ineinanderarbeiten des Tons mit dem Modellierhölzchen noch einmal notwendig. Ich selbst benutze für das abschließende Formen der Übergangskurve vom Fuß in den Gefäßleib am liebsten die feuchten Finger. So kann ich auch den Fußring evtl. ein bißchen »Ausziehen«, falls

Die Ansatzstelle für den Fußring ist auf dem Boden des Topfes markiert. Er wird mit Schlicker am Topf befestigt und die Übergangslinie mit etwas zusätzlichem Ton verstärkt. Mit einem Modellierwerkzeug verstreicht und glättet man den Ton an den Verbindungsstellen.

eine kleine Korrektur der Linienführung und der Wandstärke wünschenswert erscheint.

Das Ganze läßt man nun ruhen und trocknen; Steinzeuggefäße bis zum lederharten, Porzellanarbeiten bis zum völlig trockenen Zustand. Anschließend kann man mit der nächsten Arbeitsstufe beginnen.

Vollenden

Wie umfangreich die letzten Arbeiten an einem Gegenstand ausfallen, hängt einerseits davon ab, was man erreichen möchte, andererseits von dem, was die jeweilige Tonsorte zuläßt. Ein handgebauter gequetschter Topf hat immer eine durch die Druckstellen der Finger geprägte ungleichmäßige, gebrochene Oberfläche. Diese Struktur sollte man nicht ändern, wenn sie ein ausdrucksvolles Muster ergibt, das weder rein zufällig wirkt noch die Gesamtheit des Topfes beeinträchtigt. Beim handgebauten Raku zum Beispiel läuft die absolute Unmittelbarkeit des Form- und Brennzyklus sichtbar durch das Stück hindurch, so daß alle auf der Oberfläche hinterlassenen Entstehungsmerkmale überzeugend und selbstverständlich erscheinen. Auch bei einem Steinzeuggefäß kann die roh behauene, felsartige Beschaffenheit der unbearbeiteten Oberfläche in Übereinstimmung mit der verarbeiteten grobkörnigen, schwer schamottierten Masse dem Ganzen positive Charakterzüge hinzufügen

Das Porzellan mit all seinen Eigenschaften erweckt in uns jedoch andere Erwartungen: Eine Perfektion in der Form, die glattglänzende Oberfläche – sagen wir – einer Kaurimuschel, sinnliches Entzücken für Augen und Hände und ein höchst verfeinertes »finish«. Ich selbst schätze solche Porzellanformen am meisten, die Reichtum und Fülle einer gesunden Frucht suggerieren und nicht an einen verbeulten, zusammengesackten, defekten Luftballon erinnern. Selbst schlanke Formen können prall sein. Fingerabdrücke und Vertiefungen wirken an Formen dieser Art zu aufdringlich. Sie fangen und brechen das Licht in unberechenbarer Weise, besonders auf glasierten Stücken, und lenken das Auge ab von dem vollen Schwung der Form. Außerdem spüre ich voller Respekt die Selbständigkeit und Unabhängigkeit guter Objekte, die offenbar ihre eigenen Wachstumsgesetze haben, so daß der Töpfer sich meines Erachtens nicht mit überdeutlichen Fingerspuren in den Vordergrund drängen sollte. Das kann oft genauso arrogant wirken wie zu massive eitle Signaturen.

Als weiterer Punkt muß die Dicke der beabsichtigten Glasur und die damit verbundene Verwandlung der Oberfläche berücksichtigt werden. Eine dicke Glasur überfließt leichte Markierungen und schwächt sie ab, während der feine Porzellanglasur-Überzug auf dem dünnen Scherben wenig verbirgt.

Soll eine Form durch Schaben vervollständigt werden, benutzt man dafür am besten flexible Metall-»Nieren«, die in vielen Variationen mit den jeweiligen Rundungen zu kaufen sind. Natürlich lassen sich Schaber aus jedem Material, das hart, glatt und flexibel ist, improvisieren. So verwenden zum Beispiel afrikanische Töpfer zugeschnittene Stücke von Kalebassen und Flaschenkürbissen; es berichtet 1827 ein Besucher in der Herculaneum-Manufaktur in Liverpool, daß dort mit einem dünnen Stück Horn geschabt und anschließend poliert, ja sogar eingepreßt wurde.

Verfeinern der äußeren Oberfläche mit einer Metall-Niere.

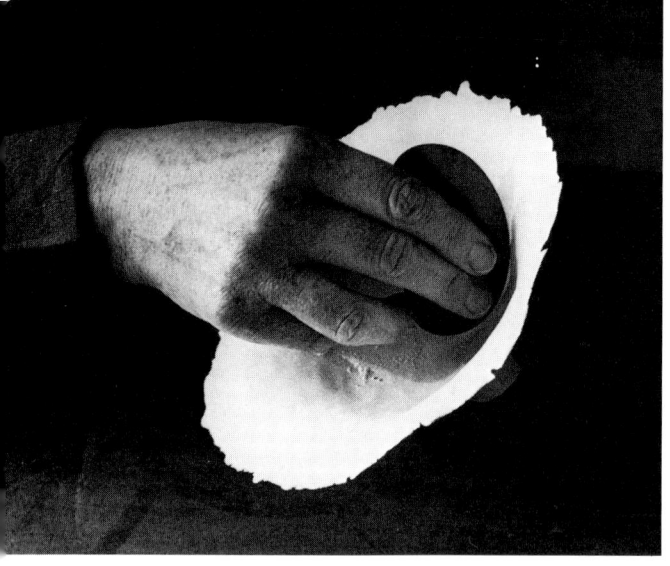

Während der Topf in der hohlen Hand ruht, wird die innere Rundung sanft mit der Niere ausgeschabt.

Während dieser Arbeitsphase sollte eine Gesichtsmaske getragen werden, da der hierbei anfallende Tonstaub sehr fein ist. Er hängt in der Luft und kann, über längere Zeit eingeatmet, gesundheitsschädlich sein. Ich benutze dafür eine »Smog«-Maske, die in jeder (englischen) Drogerie erhältlich ist; auswechselbare Filter kann man getrennt kaufen.
kaufen. Diese Masken vertreiben jetzt auch bereits die Firmen für Töpferbedarf. Findet die Arbeit in sehr verstaubter Luft statt, trägt man am besten außerdem Perlon-Overalls, damit der Tonstaub sich nicht in der Kleidung festsetzt. Beim Schaben von trockenem Ton halte ich die Arbeit meist über eine Plastikfolie und sammle und beseitige den Staub oft.
Beim Abschaben von lederhartem Steinzeugton darf man ziemlich unsanft vorgehen. Soll viel Ton abgeschabt werden, ist sogar ein Metallsägeblatt ein geeignetes Werkzeug. Hingegen muß man einen Topf aus trockenem Porzellanton während des Schabens sehr vorsichtig halten. Trotz der großen Zerbrechlichkeit finde ich es am besten, den Ton völlig austrocknen zu lassen, da ein Schaben in lederhartem Zustand aufgrund der extremen Weichheit und mangelnden Schärfe des Tons nur unzählige kleine Facetten auf der Oberfläche hinterläßt; und genau das Gegenteil soll ja erreicht werden. Abgesehen davon biegt sich eine dünne lederharte Porzellanform beim Halten und Abschälen sehr leicht und bricht unter der Spannung selbst beim kleinsten Druck auseinander. Ich ziehe es daher bei zarten Stücken vor, an der völlig starren, ausgetrockneten Oberfläche zu arbeiten. Man hat dann die Möglichkeit, genau abzuschätzen, wieviel Druck der Wandung zugemutet werden kann. In der Tat, man darf nicht fester zufassen als bei einer leeren Eierschale!

Aufbauen aus Wülsten

Eine Quetschform oder ein »Daumenschälchen«, wie es oft genannt wird, kann – entsprechend der Größe unserer Hände – nur von begrenztem Ausmaß sein. Aber durch kombinierte Arbeitsmethoden haben wir die Möglichkeit, größere und komplexere Formen herzustellen. Abgesehen von den wenigen Gefäßen, bei denen einfach Wülste ohne intensives Verstreichen übereinandergelegt werden, ist das zusätzliche Aufbauen von Wülsten eine echte Ergänzung zur Quetschmethode.
Bei aus Wülsten gebauten Töpfen wird im allgemeinen zuerst der Boden hergestellt. Auf den Boden baut man die Wände durch stetiges Übereinanderlegen der Tonrollen Schicht um Schicht auf. Die einzelnen Wülste müssen anschließend zusammengequetscht und zu einer einheitlichen Oberfläche verschmiert werden. Diesen Ablauf von Aufeinandersetzen, Quetschen und Verschmieren wiederholt man so lange, bis die gewünschte Größe und Gestalt erreicht sind.
Das Handhaben dieser Technik pendelt

zwischen übergenauer Gründlichkeit und sorglosem Drauflosgehen. Verschiedene Arbeitsstile haben aber ihre Berechtigung, wenn sie einerseits dem Temperament des Töpfers und andererseits dem Charakter des verwendeten Tons entsprechen; manchmal wird daraus sogar ein guter Topf!

Wollen wir einen sorgfältig aus Wülsten aufgebauten Topf herstellen, beginnen wir am besten mit dem vorsichtigen Ausrollen der Bodenplatte und dem anschließenden Zuschneiden im genauen Format. Dann bereiten wir einen bestimmten Vorrat an Tonwülsten, -rollen oder -schlangen vor, aus denen, ringförmig aufeinandergelegt, die Gefäßwände wachsen sollen. Die Wülste rollen wir mit beiden Händen auf einer etwas feuchten, aber nicht zu stark absorbierenden Fläche. Man achte darauf, daß alle Tonwülste möglichst gleichförmig sind. Ihre Plastizität erhält sich bis zur baldigen Weiterverarbeitung am besten unter einem feuchten Tuch oder einer Plastikfolie. Zum Aufbauen legt man einen Tonwulst rund um die Bodenkante, einen weiteren obenauf und so fort. Jede Reihe muß sorgfältig mit der darunterliegenden verschmiert und verbunden werden, bevor man die nächste aufsetzt; auch die jeweiligen Enden sollen zu einem perfekten Rund in der Art von Schrägstreifen aneinandergefügt werden; mit dem Aufbauen fährt man fort, bis der Topf seine vollständige Form erreicht hat.

Manche Aufbautöpfer praktizieren diese Methode in fast überdimensionaler Weise: Sie benutzen große Tonpfropfen und armdicke Wülste, die innen vom Boden aus mit der ganzen Hand nach oben gestrichen und oberflächlich verbunden werden. Die äußere Oberfläche behandeln sie auf ähnliche Art. Weitere dicke Wülste werden zur Vervollständigung der Form evtl. noch obenauf gebaut, und wenn die gewünschte Größe erreicht ist, schlagen sie den dickwandigen Topf aus, um die Wände dünner und straffer zu gestalten.

Bei der Auswahl der Technik müssen wir immer bestimmte Faktoren berücksichtigen: Die Plastizität unseres Tons, Volumen und Charakter des geplanten Stückes, einheimische Traditionen sowie Ausmaß und Beschaffenheit unseres Arbeitsraumes.

Die Tonwülste zum Aufbauen eines Topfes kann man zum gewünschten Maß entweder rollen oder quetschen.

Die grobgearbeiteten, oft großformatigen Töpfe stammen meist aus warmen Ländern, wo man draußen töpfern kann. Dort trocknen dickwandige Gefäße aus grobkörnigem, zähen Ton schnell. Hingegen entspricht die peinlich genaue Arbeitsweise mit feinsten Tonmassen und den perfekt gestalteten kleinen Stücken den begrenzten Ausmaßen vieler Werkstätten bei uns.

Für mich selbst eignet sich weder das eine noch das andere Extrem der obengeschilderten Techniken. Ich habe einen Mittelweg gefunden, der – auch für Anfänger – relativ schnell zu überschaubaren Resultaten führt.

Ich gehe von einer recht unbearbeiteten und dickwandigen Quetschform aus und ergänze sie durch den ersten Wulst. Dann stelle ich die weiteren Wülste her, indem ich einen Klumpen Ton zwischen beiden Händen annähernd gleichmäßig rolle und den Wulst mit Längerwerden nach unten hängen lasse. Die auffangende Hand legt den Tonwulst auf die obere Kante der gequetschten Grundform, und je größer diese ist, desto länger muß selbstverständlich der Wulst sein. Sehr lange Wülste läßt man beim Aufsetzen auf Handgelenk und Unterarm ruhen. Alle Wülste werden spiralförmig aufgebaut, von dem Daumen der stützenden Hand in die richtige Lage gebracht und leicht verstrichen. Nach zwei oder drei Reihen müssen die Verbindungsstellen sehr gründlich miteinander verarbeitet werden, wobei der obere Wulst jeweils in den darunterliegenden gedrängt wird. Der Ton soll nach allen Richtungen fest verknetet und verschmiert werden, auf der Innen- wie Außenseite des Gefäßes. Diese grobe Wand quetsche ich dann zur gewünschten Dünnwandigkeit bis auf den oberen Rand, der zum Verbinden mit dem nächsten Wulst genügend Tonmasse behalten muß. Ab und zu gönne ich dem Topf eine kleine Pause. Er kann dann, auf den Kopf gestellt, auf einer nicht porösen Fläche etwas ruhen und sich festigen, bevor weitere Wülste hinzukommen. Die Arbeit nimmt in der geschilderten Weise ihren Lauf, bis die Form fertig ist. Bei dieser Methode kann man sicher sein, daß die Wände gleichmäßig und haltbar sind und beim Brand entlang der

Die gequetschte Basis
ruht auf einem trockenen Schwamm,
während der erste Wulst aufgesetzt
und mit leichtem Druck
in die richtige Lage gebracht wird.
Nach jedem zweiten oder dritten Wulst
muß der Ton innen wie außen
fest ineinander gearbeitet
und dann durch Quetschen
ausgeglichen werden.
In den gleichen Abständen läßt man den Topf
zum Festwerden umgedreht auf dem Rand ruhen.

79

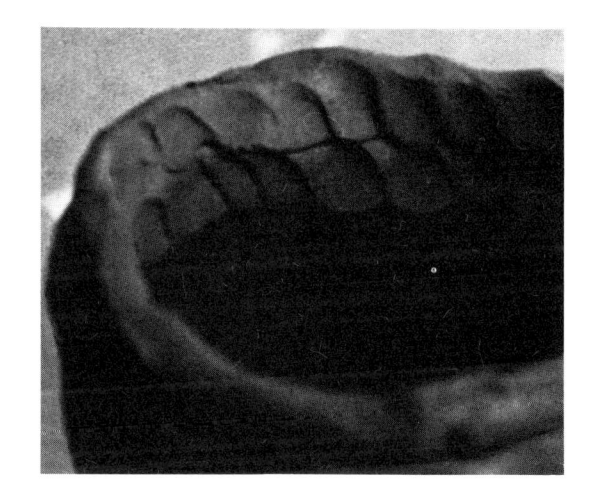

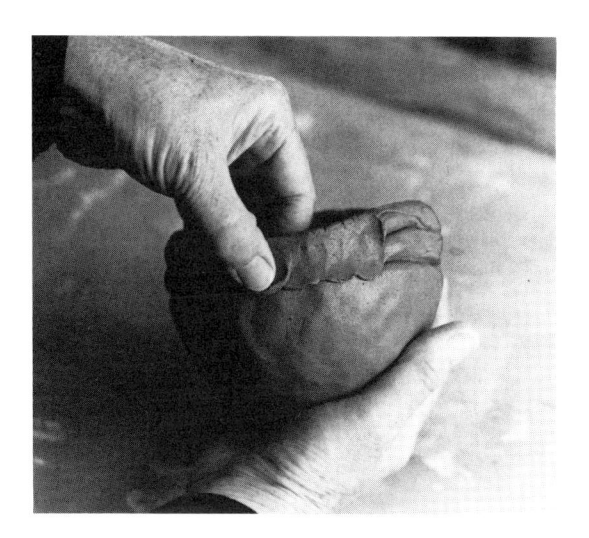

Wülste keine Risse bekommen. Ein weiterer Vorteil liegt in dem verstärkten Bodenwinkel, denn mit dem Aufbauen der Wülste auf einer gequetschten Halbkugelform vermeidet man das Risiko, den ersten Wulst auf einen flachen, plattenartigen Boden aufsetzen zu müssen.

Bei einer sich rundenden Form legt man den Tonwulst nicht senkrecht auf den darunterliegenden, sondern ein bißchen nach außen, und drängt die Wand beim Verquetschen und Verschmieren ebenfalls in diese Richtung. Schwingt die Form nach innen, findet der entgegengesetzte Prozeß statt; die Wülste werden etwas nach innen gelegt und auch dahin verarbeitet. Die Dicke der Gefäßwände hängt selbstverständlich von dem Ausmaß des Quetschens ab. Wenn Asymmetrie die wachsende Form aus dem Gleichgewicht zu bringen droht, läßt sich diese durch Schlagen oder Klopfen vermeiden. Hierfür muß eine Hand im Inneren des Gefäßes die Stelle abstützen, die von außen eingeklopft werden soll. Ebenso kann eine einsackende Form mit einem runden, langstieligen Werkzeug wieder nach außen geholt werden. Die Hand hält dann die Außenwand des Gefäßes dort, wo das Gerät – es kann eine auf einen Stiel montierte Holzkugel sein – die Eindellungen nach außen drückt. Ich benutze dafür lange Löffel und finde sie sehr praktisch. Soll eine runde Form zum Abschwellen gebracht werden, kann man sie, solange sie noch flexibel genug ist, aufblasen. Das geht natürlich nur bei enghalsigen Formen, die man eine Zeitlang abdichtet, damit der Druck der eingefangenen Luft wirksam werden kann.

Das Vollenden und Verfeinern einer Form, das letzte Ausarbeiten typischer Merkmale – zum Beispiel die Linienführung ineinander übergehender Kurven, die Verbindung von Fuß und Körper oder die Gestaltung von Lippe und Rand – unterscheidet sich bei aufgebauten in keiner Weise von gequetschten Gefäßen. Man kann auch hier Metall-Nieren oder Schaber und andere Werkzeuge benutzen. Das gilt für Innen- wie Außenseite der Töpfe. Bei Enghalsformen braucht man allerdings für das Innere lange, schmale Geräte aus Draht oder sogenannte Schlingenkratzer. Diese Gipser-Werkzeuge sind stabiler als Drahtschlingen, und mit den rundgebogenen, gezahnten Enden lassen sich selbst schwer zu erreichende Stellen im Topfinnern sauber ausputzen.

Natürliche Asymmetrie

Bei einem handgeformten Topf, sei er aus einer Tonkugel gequetscht oder Wulst für Wulst aufgebaut, ist eine leichte Asymmetrie unausbleiblich; das gilt für die kurvige Wandung wie für die unebene und gewellte Linie des Randes. Man muß natürliche Zeichen des Wachstums darin sehen, typische Merkmale für die Entstehungsweise des betreffenden Stückes. Jeder handgebaute Topf wird sich vom nächsten unterscheiden, wie eine Frucht von der anderen. Nehmen wir eine Anzahl Äpfel oder Apfelsinen so sind sie auf den ersten Blick alle rund, aber im Vergleich etwa mit perfekten geometrischen Kugeln entdecken wir das individuell Unterschiedliche an den Naturobjekten. Rein geometrische Formen mögen den Intellekt ansprechen, die organischen Formen hingegen, mit ihren zahllosen Spielarten, beleben unser Gefühl. So zieht es die meisten Menschen eher zu unregelmäßigen variationsreichen Apfelformen als zu absolut gleichen geometrischen Billard- oder Pingpong-Bällen.

Die Begabung, organische Qualitäten bei Gegenständen aus Kunst und Handwerk zu erfassen, geht oft Hand in Hand mit einer engen Naturverbundenheit. Am intensivsten finden wir diese Haltung im Fernen Osten, wo sie durch strenge religiöse und philosophische Ideen untermauert ist. Die wundervolle heitere Natürlichkeit der japanischen handgeformten Teeschalen, deren Asymmetrie selbstverständlich und niemals forciert erscheint, spiegelt die Lockerheit gegenüber der Asymmetrie in der Natur, die man weder sucht noch meidet, sondern nimmt, wie sie ist. Diese Unbekümmertheit beim Formen findet auf schöne Weise Ausdruck in den handmodellierten Teeschalen von Künstlern wie Chojiro und Koetsu. Wahrscheinlich hat Chojiro um 1576 unter der Aufsicht des Teemeisters Rikyu die erste Raku-Teeschale modelliert und damit einen Arbeitsstil eingeführt, der seine höchste Ausdruckskraft in den Schalen von Koetsu (1558–1637) erreichte. In ihnen verbindet sich auf harmonische Weise lebendiger Erfindungsreichtum mit edler Gelassenheit. Soetsu Yanagi vertritt in seinem Buch »The Unknown Craftsman«[5] eine ähnliche Einstellung gegenüber der Asymmetrie. Er beschreibt, wie in Korea hölzerne Schalen aus saftgrünem Holz gedrechselt werden, obwohl sie mit Sicherheit früher oder später reißen und splittern müssen. Aber diese fortschreitende Verzerrung der Form

Die vier Bälle geben ein Beispiel für die geometrische Regelmäßigkeit maschinell hergestellter Formen. Die Äpfel hingegen besitzen die organische Asymmetrie von Wachstumsformen aus der Natur.

81

während des Austrocknens wird als Selbstverständlichkeit genommen, und die Schale verliert dadurch nicht ihren Wert.

Der Grund für die Asymmetrie liegt bei handgebauter Keramik – wie schon gesagt – im Entstehungsprozeß selbst. Wir fangen mit einem annähernd kugelförmig geklopften Tonballen an, und der Daumen bricht ihn nur in etwa zentrisch auf. So haben leichte Abweichungen, die sich beim Rand wie bei der Rundung und der Höhe der Gefäße bemerkbar machen, ihren Ursprung im allerersten Anfang durch zufällige und unvermeidliche Unterschiede in der Dicke der Tonmasse rund um die aufgebrochene Höhlung. Eine Tendenz zur Asymmetrie durchläuft auch deswegen die Ausarbeitung der Form, weil sie sich nicht um ein fixiertes Zentrum dreht, sondern frei in der Hand ruht und bewegt wird. Dies steht im Gegensatz zum Töpfern an der Drehscheibe. Dort ist perfekte Symmetrie möglich, einerseits durch exaktes Zentrieren des Tonballens, der zu einer einwandfreien Kuppelform entwickelt wird, andererseits durch genaues Aufbrechen im Mittelpunkt. Und bei fortlaufend rotierender Scheibe erhält die Form ihre hohle Raumgestalt in vollendeter Symmetrie um die Mittelachse. Zweifellos haben gedrehte Gefäße auch ihre Individualität und unterscheiden sich voneinander in einer Weise, wie es bei gegossenen Gefäßen, die aus ein und derselben Form stammen, nicht möglich ist. Dennoch sind gedrehte Stücke ihrem Wesen nach den Gesetzen der Zentrifugalkraft und dem Rotieren um eine feste Achse unterworfen, wovon in der Hand gehaltene und handgeformte Keramik frei ist. Eingedenk dieser unterschiedlichen Entstehungsarten sollten wir bei handgebauten Gefäßen geringfügige organische Abweichungen von der Symmetrie als etwas Typisches und Natürliches schätzenlernen.

Teeschalen.
Oben: rote Raku-Ware, »Shunkan«, von Chojiro.
Mitte: »Mount Fuji« von Koetsu.
Unten: »Ayame« von Chojiro.

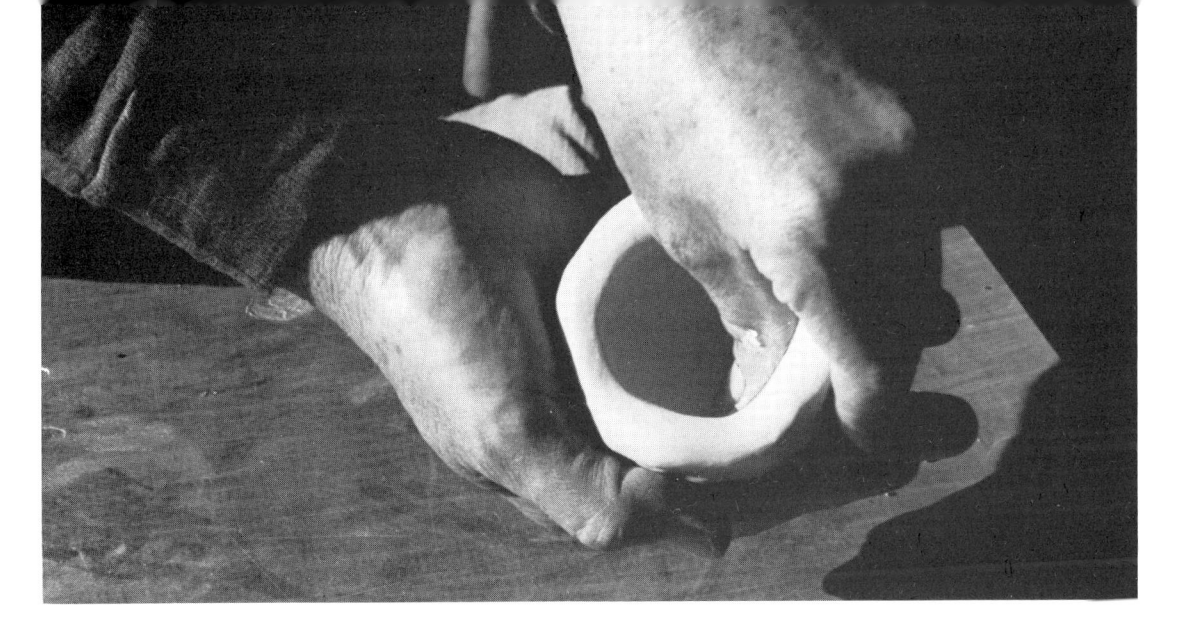

Schale in Quetschtechnik, Durchmesser 11,5 cm, 1974

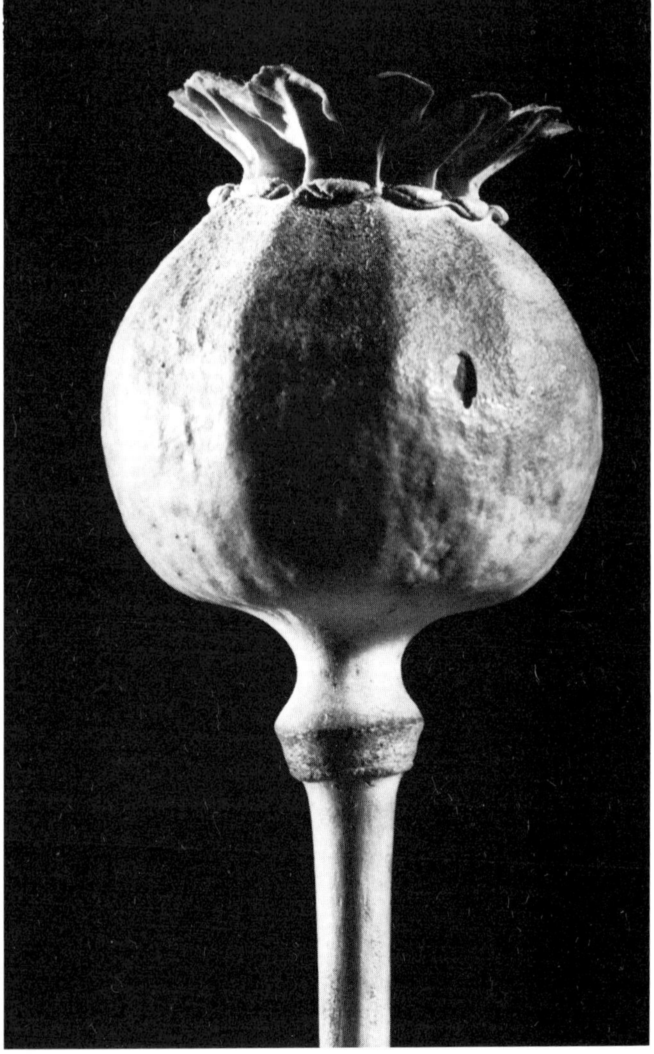

3
EINGEBAUTE FARBEN UND DEKORS

Beim Aufbauen oder Quetschen – in getrennter wie kombinierter Methode – lassen sich im Verlauf der Arbeit eine Menge besonders liebevoll behandelter Details anbringen. Es wird uns dabei an Einfällen nicht fehlen, denn schon beim Experimentieren mit einer Idee wachsen aus ihr unzählige neue, die sich wiederum zu weiteren Ideen verzweigen. Sie alle tragen sichtbare Familienähnlichkeit, so daß aus einem einzigen Einfall ein weit ausladender »Stammbaum« entstehen kann. Unsere Vorstellungskraft weitet sich dabei aus und gewinnt immer neue kreative Möglichkeiten. Wir entdecken eine Fülle von Formen und Mustern, alle ein und demselben Wurzelgrund entsprossen, auch wenn manchmal nur noch vereinzelte Züge daran erinnern mögen. Lassen wir unseren Ideen solchen Raum zum Sichverzweigen, erweitert sich nicht nur Form und Mustersprache, sondern auch die technischen Möglichkeiten zur Verwirklichung dieser Ideen wachsen mit. Jedes einmal gelöste Problem trägt bei zu unserer Geschicklichkeit, und so findet durch die ständige Wechselbeziehung eine Befruchtung und Steigerung statt. Hier liegt der Ansatzpunkt zur wahren Entwicklung und Originalität eines Künstlers und seiner Arbeit, und zwar in Hinblick auf die durchgehende Einheitlichkeit von Stil und Richtung. Zwei verschiedene Personen können niemals die gleiche, in ihrer Komplexität unbegrenzbare Erfahrungsreihe besitzen – weder innerhalb noch außerhalb ihres Werkes. Also gibt es auch nicht zweimal die gleiche Umsetzung einer Idee. Jede reife, künstlerische Arbeit strebt nach eigener, typischer Entwicklung ihrer charakteristischen Merkmale.

Während der Arbeit, beim Experimentieren mit den vielen faszinierenden und weitverzweigten Varianten der Grundidee, wird klar, daß jede Festlegung auf eine bestimmte Richtung den Verzicht auf andere, ebenso wertvolle Richtungen bedeutet. Und manchmal stellt sich im Verlauf der Arbeit heraus, daß neue Gedankengänge mit den ursprünglichen Ideen nicht mehr zusammenpassen oder sogar im Gegensatz dazu stehen.

Stetiges, forschendes Beobachten der Natur und ihrer Strukturen ist typisch für die meisten Kunsthandwerker, die Naturmaterial verarbeiten. Das gilt besonders für den Töpfer, der mit wahrhaft elementaren Kräften und Urmaterialien umgeht. Ein Gemisch aus Erde, Wasser, Steinen und Metallen dient ihm zur Verkörperung seiner schöpferischen Fantasie, und er benutzt das Feuer, um seinen Ideen Dauer zu verleihen – ein elementarer Prozeß, der an die Entstehung der Gesteinsformen erinnern mag.

Die Suche nach Ton und anderem Naturmaterial fördert womöglich ganz Unerwartetes zutage. Der Töpfer Bernard Palissy (1510–1589), von dem jene vierhundert Jahre alten, erstaunlich modern anmutenden Keramiken stammen, suchte in der

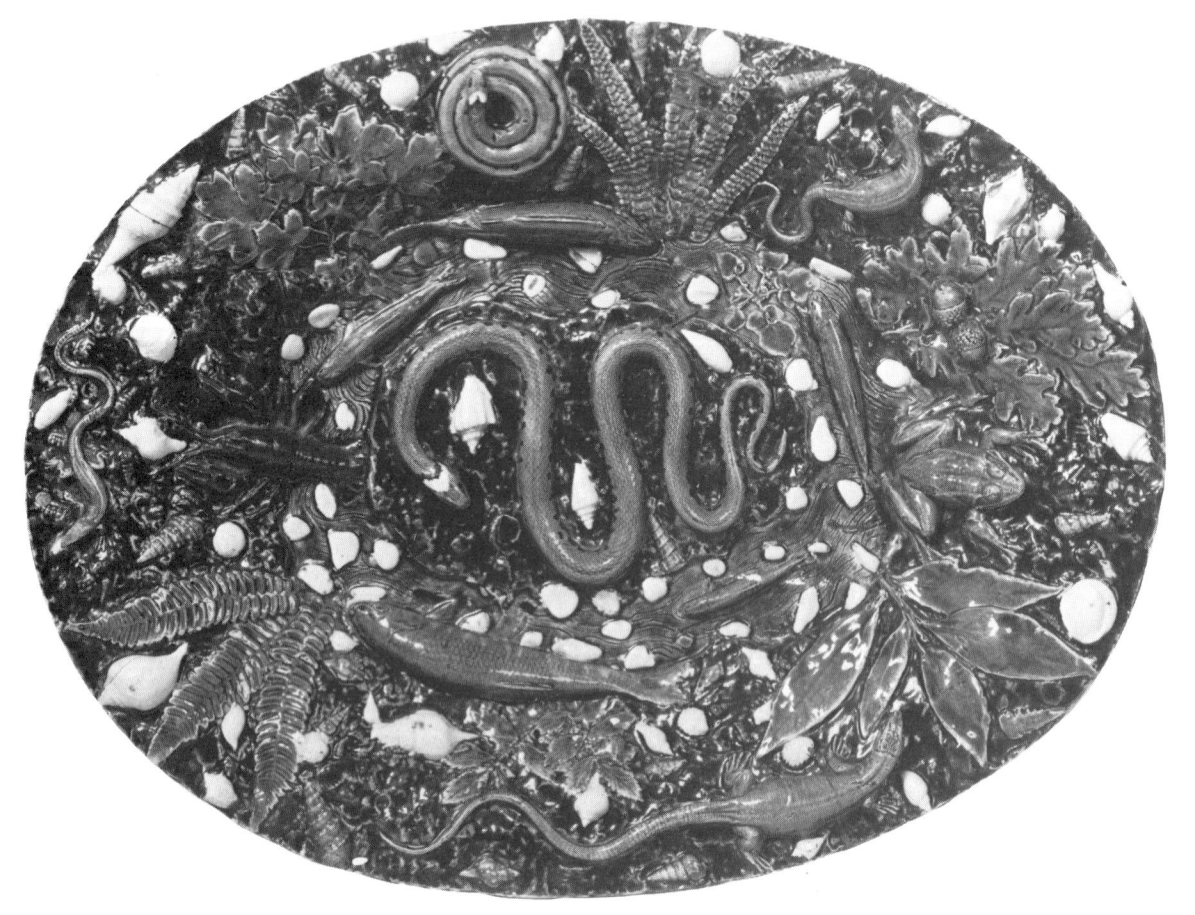

Teller mit überraschend naturalistischer, modellierter Dekoration von Bernard Palissy. Bleiglasur, Durchmesser 53 cm

Erde nicht nur Ton für den eigenen Bedarf. Durch genaue Beobachtungen war er zu der Überzeugung gekommen, daß die Versteinerungen, die er auf den Feldern rund um seinen Heimatort Saintes in Frankreich ausgegraben hatte, die Überbleibsel von Tieren, Pflanzen und Meereslebewesen aus lang vergangenen Zeiten sein mußten. Diese Theorien legte er in Paris 1575 in Vorlesungen dar und veröffentlichte sie auch in den Jahren 1563 und 1580.* »Als ich die Formen dieser Steine genau betrachtete, kam mir die Erkenntnis, daß keiner dieser Steine die Form einer Muschel oder eines anderen Geschöpfes hatte hervorbringen können, vielmehr das Tier selbst sie verursacht haben mußte ... So halte ich auch daran fest, daß die versteinerten Fische, die in bestimmten Steinbrüchen zu finden sind, an eben diesem Ort gezeugt wurden, solange die Felsen nichts als Wasser und Schlamm waren und späterhin mit den obenerwähnten Fischen versteinerten ...«[6] Vor Palissy, während des Mittelalters und sogar bis ins neunzehnte Jahrhundert, wurden Versteinerungen meist mit geheimnisvollen, mythologischen oder religiösen Erscheinungen in Zusammenhang gebracht und zu erklären versucht.

Obwohl heutzutage die meisten Töpfer ihre Rohstoffe fertig zubereitet und verpackt kaufen, sollten sie sich immer der geologischen Herkunft ihres Materials bewußt sein. Noch gibt es erfreulicherweise einige Töpfer, die – um der vollständigen Erfahrung willen – ihr Material eigenhändig graben, mahlen und mengen. Und so bleibt bei diesen wenigen das Erlebnis des Töpferns von Grund auf als etwa Um-

---

* Récepte Véritable von Bernard Palissy, 1563. Discours Admirables von Bernard Palissy, 1580.

Zur Anregung können Fossilien oder gebänderte,
vom Wasser ausgewaschene Kieselsteine dienen.
Der »Kieselstein-Topf« aus Steinzeug (unten rechts)
wurde gewulstet und mit hellen
eingelegten Tonbändern dekoriert.
Unglasiert, oxidierend bei 1280° C gebrannt,
Durchmesser 10 cm, 1961

fassendes erhalten. Aber trotzdem muß der Töpfer seine Rohstoffe, ob fertig gekauft oder nicht, immer noch selbst auswählen und kombinieren, und dabei mag der Gedanke an ihre geologische Herkunft seine Fantasie beflügeln.

Vielleicht öffnen uns diese Gedankengänge auch die Augen für die Vielgestaltigkeit der Steine, nicht nur für ihre Formen und Strukturen, sondern auch für ihre durch die Einlagerung von Metalloxiden hervorgerufenen Farben. Das mag zu immer neuen Einfällen führen. In mir haben solche Beobachtungen während einer bestimmten Arbeitsperiode den Wunsch nach einem Ton geweckt, der nach dem Brennen wie Stein aussehen würde, wie Granit zum Beispiel oder Schiefer. So kam ich zum Einfärben der Masse mit Metalloxiden. Ich wollte eine Substanz erzielen, die nicht nur an der Oberfläche, sondern wie ein Stein in der

Ein kleines gewulstetes oder gequetschtes Gefäß
kann rundum – dreidimensional – bearbeitet werden.
Es liegt in der Hand
und läßt sich nach allen Seiten drehen.

ganzen Masse eine gleiche Färbung aufweisen sollte. Es war mir aufgefallen, daß manche Kieselsteine ein mehrfarbiges, den ganzen Stein durchlaufendes Streifen- und Bandmuster zeigen. Diese Kieselsteine in ihrer Vielfältigkeit und leichten Asymmetrie eignen sich meiner Meinung nach ganz besonders, um unsere formale Fantasie bei handgebauten – gewulsteten oder gequetschten – Formen anzuspornen.

Den meisten Menschen macht es Spaß, am Strand Steine zu sammeln. Mit demselben kritischen Sinn, der uns – möglicherweise unbewußt – bei der Auswahl eines guten handgebauten Gefäßes leitet, greifen wir auch nach den »guten« Kieseln. Nicht alle Steine, die spontan unser Auge auf sich lenken, liegen angenehm in der Hand oder entsprechen unserem Gleichgewichtsgefühl. Die begehrten, die »guten« Kieselsteine verfügen meist über eine besondere Einheit von Gleichgewicht, Schwere, Form und Struktur; diese suchen und sammeln wir. Hier stellt sich, nebenbei bemerkt, die Frage, ob nicht deshalb die primitiven Stämme so oft hervorragende handgebaute Töpfe machen konnten, weil sie in ständiger Berührung mit Objekten aus der Natur standen und diese für den täglichen Gebrauch benutzten. Ein gutes, handgebautes Gefäß, praktisch jedes Gefäß, ungeachtet seiner Herstellungsart, sollte nicht nur spontan unser Auge fesseln, sondern auch in uns die Lust wecken, den Gegenstand in die Hand zu nehmen, d. h. unser Tast- und Gleichgewichtsgefühl befriedigen. Eine kleine Quetschform ist immer völlig dreidimensional, weil sie während ihres Entstehens nicht auf einer Fläche, sondern in der Höhlung unserer Hand ruht, so daß während aller Arbeitsphasen durchgehende Rundungen gewahrt bleiben können; so ergibt sich nicht notwendigerweise ein Oben und Unten, keine Vorder- und Rückansicht.

Farbige Tone

Die natürlichen rohen Tone haben eine breitgefächerte Farbigkeit, die von Weiß über Lederfarben und viele Brauntöne bis zu tiefen Rotschattierungen und Grauvariationen sogar zum Schwarz reicht. Die meisten dieser Farben sind jedoch auf organische Substanzen zurückzuführen, die wegbrennen, so daß nach dem Brand, besonders nach einem Oxidationsbrand, oft ein blasser, ausdrucksloser Scherben zurückbleibt. Werden die Farben jedoch durch Metalloxide – wie beispielsweise Eisenoxid – hervorgerufen, kann der Brand die Farben vertiefen und satter erscheinen lassen, je nach Anteil der Oxide. Diese Beobachtung brachte mich zum Experimentieren mit Metalloxiden; ich fügte sie in verschiedenen Prozentsätzen den Tonen hinzu, um beim Brennen oxidierender Ofenatmosphäre eine größere Farbskala zu erreichen. Beim Reduktionsbrand hingegen braucht der Töpfer selten nachzuhelfen, da die Tonmasse ohnehin in reichhaltigeren und interessanteren Farbtönen aufbrennt. Das richtige Einfärben von Tonen mit Oxiden ist sehr einfach. Trotzdem sind vorausgehende Experimente mit der eigenen Tonsorte unter den gewohnten Brennbedingungen anzuraten, denn auf diese Weise gewinnt man eine Übersicht, in welche Richtung der mit Oxiden versetzte Ton tendiert. Ein zu großer Oxidanteil setzt die Schmelztemperatur der Masse beträchtlich herab. Bei meinen ersten unerfahrenen Versuchen passierte es mir, daß der oxidvermengte Ton als Schmelze über die Einsetzplatten floß und sich sogar tief in den Boden des Ofens einfraß! Schuld war in diesem Falle ein Überschuß an Manganoxid.

Man sollte sich immer in Erinnerung rufen, daß Josiah Wedgwood (1730–1795), der überragende und unermüdliche Experimentierer unter den Töpfern, über lange Zeit hin Tausende von Versuchen unternahm, bis er endlich seine um 1775 eingeführte »Jasper Ware« (Jaspisporzellan) vervollkommnet hatte. Bei seinen Experimenten bemühte sich Josiah Wedgwood stets, die Tone in der Art der Struktur von Mineralien und Natursteinen durchzufärben, und er gab ihnen auch deren Namen – Jaspis, Basalt und Achat. Vor ihm, im Jahre 1708, versuchte Friedrich Böttger (1682–1719), kein Töpfer, sondern Alchimist, eine Methode zur Herstellung von Edelsteinen zu finden. Er verschmolz bei hohen Temperaturen natürliche Erden mit Mineralien und erzielte dabei sein berühmtes Steinzeug, das er »Jaspis« nannte. Er konnte es schneiden und schleifen wie einen echten Halbedelstein, und es war dem natürlichen roten Jaspis, dem Blutjaspis, zum Verwechseln ähnlich. Eigene Experimente, mögen sie noch so anspruchslos sein, gewinnen plötzlich die richtige Perspektive, wenn wir uns an die aufregenden Experimente der damaligen Töpfer erinnern, die sich ähnlichen Spannungen und Überraschungen ausgesetzt sahen.

Oxidvermischte Tone

Eine gleichmäßig durchgefärbte Masse erhält man am besten durch Mischen der abgemessenen Menge pulverisierter Oxide mit der abgemessenen Menge Tonpulver. Setzt man die Oxide einem plastischen Ton zu, ist die gleichmäßige Verteilung sehr schwierig, auch bei noch so sorgfältigem Kneten. Für Tonpulver lassen sich abgeschälte Tonabfälle von vorherigen Arbeiten verwenden. Allerdings darf es kein Gemisch von Tonen verschiedener Brennqualitäten sein, sondern immer nur eine Sorte. Hierbei erweisen sich, wie bei der Herstellung von Schlicker, die beschrifteten Behälter mit gesammelten Tonresten wieder einmal als sehr nützlich. Alle trockenen Tonstückchen werden zwischen kräftigen Papierbogen mit einem Rollholz zu gleichmäßigem Pulver gemahlen. Eine abgemessene Menge davon schüttet man in einen Eimer oder eine große Schüssel, streut die entsprechende Menge Oxidpulver ein und fügt Wasser hinzu.

Die hier angeführten Mischungsverhältnisse von Oxiden und Tonpulver zum Einfärben der Massen haben sich bei mir bewährt. Sie basieren alle auf weißbrennenden Steinzeugtonen mit einer Brenntemperatur von ca. 1260° C in oxidierender Atmosphäre. Es ist empfehlenswert, allen Rezepten ein Teil Schamotte hinzuzufügen. Das gibt Struktur und Festigkeit. Weiße Schamotte kommt bei niedrig brennenden Massen gut heraus. Alle Materialien sind in Volumanteilen aufgeführt.

Schwarzes Eisenoxid	1	ergibt grau/braun
Tonpulver	40	
Kupferkarbonat	1	ergibt blasses
Tonpulver	40	grau/grün
Rotes Eisenoxid	1	ergibt warmes
Tonpulver	20	gold/braun
Kobaltkarbonat	1	ergibt tiefes
Tonpulver	40	purpur/grau/blau
Mangandioxid	1	ergibt metallische
Tonpulver	50	Tüpfel

Für noch feinere Farbabstufungen verwende man mehrere Oxide gleichzeitig.

Kobaltkarbonat	1
Mangandioxid	1
Tonpulver	100
Rotes Eisenoxid	1
Mangandioxid	1
Tonpulver	80
Rotes Eisenoxid	3
Mangandioxid	1
Tonpulver	80
Schwarzes Eisenoxid	1
Mangandioxid	1
Tonpulver	80
Kobaltkarbonat	1
Mangandioxid	2
Tonpulver	150
Kobaltkarbonat	1
Rotes Eisenoxid	1
Tonpulver	120

Alle diese Mischungen ergeben Tone, die nach dem Brand Naturgesteinen ähnlich sind, etwa Granit, Schiefer oder Sandstein. Sollen Rosaschattierungen oder gelbe und orangene Farbtöne erzielt werden, kauft man am besten Farbkörper zum Einfärben der Massen, die neuerdings in großer Auswahl vom Keramikbedarfshandel angeboten werden. Die entsprechenden Kataloge geben meist auch Aufschluß über die Handhabung dieser Artikel.

Obwohl die Oxide immer bereits pulverisiert sind, mahle ich sie noch einmal in derselben Art wie den Ton, damit jedes gröbere Korn beseitigt wird und keine unerwünschten Farbsprenkel auftreten. Die Manganoxide mahle ich allerdings nicht, da durch sie erzeugte Tupfen oft interessante Wirkungen hervorrufen.

Erst wenn ich Ton und Oxidpulver gut durchgemischt und verteilt habe, gieße ich vorsichtig das Wasser hinzu. Am besten ist Regenwasser, denn es erhöht die Plastizität der Tonmasse. Die Wassermenge soll ausreichen, um alles Pulver gut einzuweichen. Ein Überschuß an Wasser kann in diesem Stadium nicht schaden, denn er läßt sich abschöpfen oder absaugen, sobald der Ton

Braune Samen, dicht aufgedrückt und mit weißem Gitter abgedeckt.

sich gesetzt und möglichst viel Flüssigkeit aufgenommen hat. Wenn sich im Eimer eine gut gemischte, schlammige Masse ohne trockene Schichten befindet, kippe ich das Ganze auf eine absorbierende Unterlage. Ich benutze dazu am liebsten Holzflächen; bei Gipsplatten muß man ein dünnes Tuch unterlegen, damit keine Gipsstückchen in die Tonmasse eindringen. Durch das Abdecken verliert der Gips nicht an Saugfähigkeit, und man kann auf diese Weise etwaige Kalkabsprengungen während des Brandes vermeiden. Der Tonbrei sollte dann öfters umgedreht werden, damit viel Luft an die Oberfläche kommt und er gleichmäßig trocknen kann. Ist eine gewisse Festigkeit erreicht, forme ich dicke, rundgebogene Rollen, kerbe sie mit den Fingern tief ein und stelle sie bogenförmig auf. Erst wenn der Ton weich ist, aber nicht mehr an den Fingern klebt, bearbeite ich ihn mit Spiralkneten. Jede einzelne Tonsorte muß, wenn fertig zubereitet, sorgfältig in Plastikbeutel verpackt, verschlossen und bezeichnet werden. Das genaue Mischungsverhältnis von Ton und Oxiden sowie Angaben über die Brennfarbe – sagen wir: blaßgrau/blau oder gesprenkelt gelb/braun – müssen erkennbar sein. Für die Beschriftung eignet sich am besten ein schwarzer, wasserfester Stift, da Plastikbeutel mit Tonmassen oft schwitzen und infolge der Feuchtigkeit normale Tinte bald unleserlich würde. Ein Töpfer, der seine Arbeit wirklich genau nimmt, wird an die verschiedenen Beutel jeweils ein gebranntes Tonplättchen hängen, das die genaue Brennfarbe kennzeichnet. Ich habe festgestellt, daß plastische Tonmassen sich in luftdicht versiegelten Plastikbeuteln über Jahre hin in guter, modellierfähiger Konsistenz halten: ja sie verbessern sich durch das Ablagern wesentlich. Ich tue die Plastikbeutel vorsichtshalber noch in Abfalleimer unter Verschluß, damit keine Luft eindringen kann. Da die Wiederaufbereitung von Tonresten ohnehin zu den immer wiederkehrenden Arbeiten eines Töpfers gehört, kann er sich die Gelegenheit zunutze machen und einen neuen, ganz anderen Ton herstellen. Begreiflicherweise ist in einer Töpferwerkstatt, wo an der Drehscheibe große Tonmengen, zum Beispiel für Haushaltsgeschirr, verbraucht werden, ein Tonwolf bzw. Tonmischer notwendig. Aber beim Aufbauen in Wulst- und Quetschtechnik gibt es meist wenig Tonabfall, und das Wiederaufbereiten kann leicht mit der Hand getan werden.

Schamotte

Beim genauen Betrachten von Steinen und farbig gebänderten Kieseln fiel mir auf, daß die durchlaufenden Bänder oft nicht nur in der Farbe, sondern auch in der Struktur Abweichungen vom Hauptstein zeigten; sie waren manchmal rauher bzw. glatter. Wollte ich bei meinen Experimenten mit Ton ähnliche Qualitäten erreichen, mußte ich also der Grundmasse außer färbenden Oxiden auch noch gröbere Teilchen oder Schamotte hinzufügen, um die Oberfläche ausdrucksvoller zu gestalten.

Die Gefäße links und unten
wurden aus je zwei einzeln gequetschten
und miteinander verbundenen Elementen geformt.
Der innere Raum ließ sich durch Aushöhlen
oder Aufrollen der oberen Fläche freilegen.
»Samen« aus andersfarbigem Ton,
mit Schlicker oder Glasur befestigt,
wurden eingelegt.
Links: Durchmesser 6 cm, 1970;
unten: Länge 10 cm, 1972

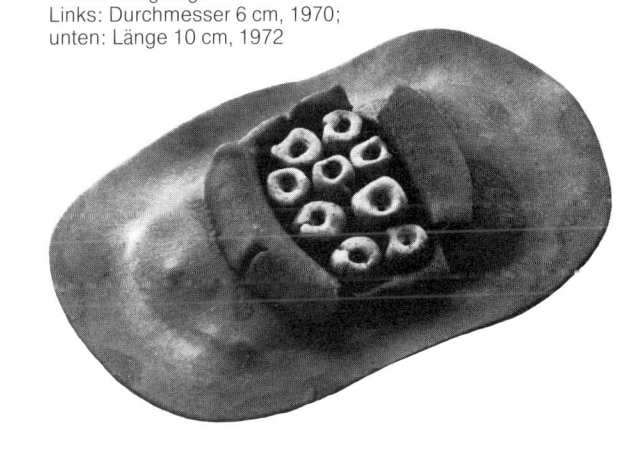

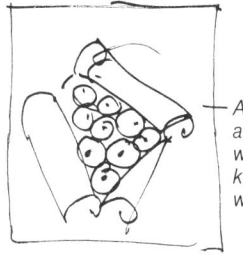

Aufgerollte Decke aus dünnem Porzellan; weiche Gegenstände kommen zum Vorschein, wie Äpfel in einem Karton.

Natürlich wird Schamotte nicht nur aus ästhetischen, sondern im allgemeinen sogar aus rein praktischen Gründen dem Ton zugesetzt. Sie verbessert, besonders bei großen Töpferarbeiten, Standvermögen und Trockenqualität; zu glatter Ton läßt sich nach dem Schamottieren oft besser handhaben, und sehr dichte Tone werden »offener«. Schamotte mag ein Töpfer selbst herstellen, falls es für seine Absichten notwendig erscheint, aber es ist natürlich einfacher, die Schamotte vom Händler zu beziehen, der meist mehrere Sorten in unterschiedlichen Farben und Korngrößen anbietet. Die gängigen Typen sind in den Keramikkatalogen nach Korngrößen in Zentimeter-Einheiten gut gekennzeichnet; sie gehen von grober Schamotte in 0,5 cm und 0,2 cm bis zu Schamottemehl. Auch durch Zugaben von Sand läßt Ton sich offener machen, aber falls es sich um Sand von Stränden oder Bauplätzen handelt, muß man sich vergewissern, daß er frei von Pyrit (Eisensulfid) ist, das beim Brennen Absprengungen verursachen würde. Überhaupt sollte man mit Zusätzen, auch wenn sie uns noch so sehr zum Experimentieren reizen, vorsichtig sein und den gesunden Menschenverstand walten lassen. Sicher ist es begrüßenswert, wenn man mit unkonventionellen Mitteln zu eigenen Ergebnissen kommt, aber gewisse Fakten müssen immer berücksichtigt werden, vor allem die Schmelztemperaturen der betreffenden Materialien. Nur so lassen sich Enttäuschungen und Schäden vermeiden, zum Beispiel Explosionen der Experimentierstücke, die womöglich am übrigen Brenngut festbacken oder am Ofen selbst.

Zur Herstellung von Schamotte eignen sich viele bereits gebrannte Tone, wie feuerfeste Ziegel, rote Backsteine und unglasierte Tonscherben. Man kann zu diesem Zweck auch zerstoßene, ungebrannte Tonstücke in einem unglasierten Behälter brennen. Eine auf diese Weise angefertigte rote Schamotte ist oft eine gute Beigabe für einen etwas bleichen Ton. In jedem Fall darf die Schmelztemperatur der Schamotte nicht unter derjenigen der Tonmasse liegen, mit der sie vermischt wird, da die Schamotte sonst ausschmilzt. Niedrig schmelzende Schamotte kann gezielt eingesetzt werden, um interessante Sprenkeleffekte herauszubringen, vorausgesetzt, daß zur Kontrolle sorgfältige Experimente vorausgegangen sind. Die Schamotte kann mit dem Tonpulver vermischt werden oder auch in die zu Scheiben geschnittene plastische Masse eingestreut und dann verknetet werden. In vielen Werkstätten ist es üblich, Schamotte auf die Werkbank zu streuen und die Tonmasse darüberzurollen und zu kneten.

Wenn Schamotte in erster Linie aus farblichen Gründen beigemischt wird und um eine Oberflächenstruktur zu erzielen, darf man nicht vergessen, daß die Schamotteteilchen – einmal in der Masse verteilt – sich kaum noch zeigen; es sei denn, sie werden vor dem Brennen wieder freigelegt, zum Beispiel durch Kratzen und feines Kämmen der Oberfläche. Dadurch entstehen außerdem kleine Grübchen und Kratzzeichen, die auf dem Ton interessante Muster ergeben können. Am besten führt man diese Arbeit durch, wenn das Stück noch nicht zu trocken ist, da sonst leicht Schamottekörnchen von der Oberfläche abspringen und ins Auge fliegen. Auch mit einem Schwamm lassen sich die Schamotteteilchen sichtbar machen, indem der dünne Tonmantel weggewischt wird. Falls man die Masse schamottiert hat, um sie aufzuschließen, d. h. um einen »offeneren« Ton zu erhalten, und auf eine strukturierte Oberfläche keinen Wert legt, empfiehlt es sich, durch Polieren die Flächen zu verdichten und zu glätten. Ich benutze dafür die Außenseite eines Metallöffels, aber andere Werkzeuge sind genauso brauchbar, wie wir im Kapitel über afrikanische Aufbautöpfer erfahren werden.

Die eingefärbten und schamottierten Tonmassen können uns, wenn wir sie einmal hergestellt haben, in mannigfaltiger Weise kreativ anregen. Denken wir dabei an die farbig gebänderten Kieselsteine, die mich seinerzeit überhaupt erst zum Experimentieren auf diesem Gebiet gebracht haben, und wollen wir uns mit unseren Arbeiten in dieser Richtung bewegen, müssen wir vor allen Dingen das reine, klare Sichabsetzen zweier Farben voneinander bewältigen. Das läßt sich nach meiner Erfahrung bei Tonarbeiten am besten mit der Einlegetechnik erreichen; folglich habe ich den farbigen Ton als Einlegestück in den kieselförmig modellierten Tonkörper eingebettet.

Einlegetechnik

Mit dieser Technik lassen sich die klarsten Linien und Abgrenzungen von Farben erreichen, die in Ton möglich sind. Die Werkzeuge zum Ausheben der Vertiefungen für das Einlegestück müssen der Tonsorte und ihrer Konsistenz entsprechen. Bei weichem und lederhartem Ton sind Modellierschlingen und Draht zum Aushöhlen sehr geeignet. Es gibt sie in vielen verschiedenen Größen und Formen, mit runden und eckigen Drahtprofilen, und man kann sehr sauber und gleichmäßig tief damit schneiden. Wenn der Ton, in den das Einlegestück gebettet werden soll, stark schamottiert oder schon recht trocken ist, muß man zum Schneiden manchmal zu kräftigeren Gegenständen greifen. Ich habe gute Erfahrungen mit Linolschnitt-Werkzeugen oder speziell geschnittenen und angeschärften Bambusrohren gemacht.

Wenn alle Vertiefungen ausgehoben sind, bringe ich das Einlegestück entweder als sehr weichen Tonstreifen oder als dicken Schlicker hinein. In beiden Fällen muß das Ganze zusammen sehr gut durchgetrocknet sein, bevor man die Oberfläche säubert. Wenn nicht, könnte der eingelegte Streifen beim Abschaben herausfallen. Damit der eingelegte Ton oder Schlicker an allen Ecken und Enden wirklich eindringt, hilft man durch Stoßen und Streichen nach, wobei die Ränder der kleinen Gruben möglichst wenig überschmiert werden sollten. Ganz läßt sich das nicht vermeiden, aber das abschließende Säubern und Wegkratzen des Tons ist eine Arbeit, die viel Freude macht, da nun die Umrißlinien des Einlegestücks klarer und intensiver zutage treten als auf dem schmuddelig vor sich hintrocknenden Stück.

Als es mir endlich gelang, aus Tonwülsten Objekte zu formen, die einfachen gebänderten Kieselsteinen nahekamen, reizte es mich, andere charakteristische Merkmale, die mir bei Kieseln und Steinen oft aufge-

Die kristallenen Bänder im Stein (oben)
sind teils verwittert,
während das härtere Muttergestein
nur zu einer weicheren Form verschliffen ist.

fallen waren, zu interpretieren. Ich meine damit die andersfarbigen, den Stein durchlaufenden löcherigen Bänder, die offensichtlich aus weicherem Material beschaffen und von Wind und Wasser bis auf die festeren Streben und Untergründe weggefressen worden sind. Ich baute beim Formen der Wandung zugleich andersfarbige Wülste mit ein und drehte die Sache manchmal auf die Seite, so daß der farbige Streifen nicht waagerecht, sondern senkrecht lief. Den Eindruck des Zerfressenen versuchte ich durch Auskerben des farbigen Tonstreifens in lederhartem Zustand zu erlangen. Für das allererste Einschneiden und Öffnen der Form benutzte ich abgerundete Linolschnitt-Werkzeuge. Diese kleinen Öffnungen können anschließend vergrößert

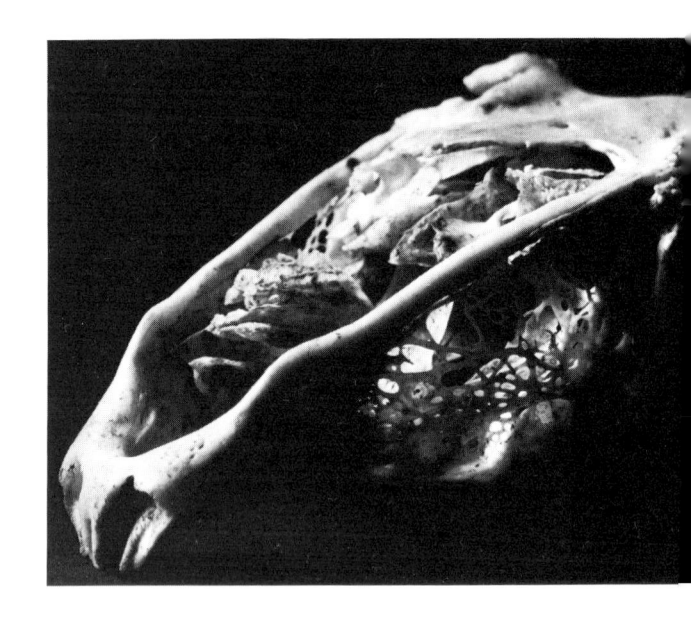

Ein ausgewaschener Tierschädel (links)
bildet eine dreidimensionale Filigranform.
Bei der tief zerklüfteten »Knochen-Form«
aus Steinzeug (unten links)
wurde das besonders dick gewulstete Oberteil
in lederhartem Zustand zu sich überlappenden Schichten
mit skelettartigen Verstrebungen ausgeschnitzt.
Ascheglasur, 1290° C, Durchmesser 16,5 cm, 1963

und in der Form variiert werden durch das Bearbeiten mit einem langen, schmalen Messer oder bei feineren Stücken mit einer Nadel. Ich habe die Erfahrung gemacht, daß die Zugabe von Schamotte der Hauptform ein angenehmes granitartiges Aussehen verleiht, aber in den für das Schnitzen bestimmten Zonen erwies sich Schamotte als untragbar. Die Körnchen brechen beim Schneiden leicht aus und hinterlassen Vertiefungen und unscharfe Linien, die die

Verschiedenfarbige Mineralien zeigen sich
innerhalb der ausgewaschenen Teile des Gesteins (oben).
Für die Form, »Ausgewaschener Uferkiesel« (unten),
unglasiertes Steinzeug,
oxidierend bei 1280° C gebrannt,
wurde eine vollständige Kugel aus Wülsten gebaut,
das mittlere Band aus oxidgefärbtem Ton
tief eingelegt und anschließend
geschnitzt und durchstoßen;
Teile aus dem einfachen Ton der Kugel
sind herausragend freigelegt.
Durchmesser 35,5 cm, 1965

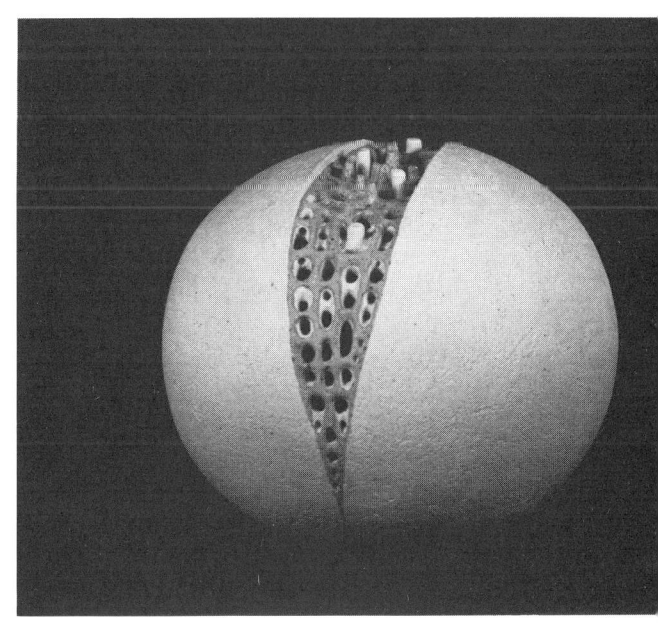

Klarheit des durchbrochenen Musters stören. Das Ineinanderarbeiten kleiner Formabschnitte aus unschamottiertem Ton mit dem schamottierten der Hauptform hat bei mir nie zu Schwierigkeiten in bezug auf Schwindung und Verschmelzung der beiden Tonmassen während des Trocknens oder Brennens geführt.

Eine weitere Variante gelang mir durch Einbauen viel dickerer – manchmal doppelt so dicker – Wülste zwischen den normal dicken. Diese können hinterher bis in die Tiefe ausgeschnitten werden zu sich überlappenden, skelettartig miteinander verbundenen Schichten. Auch hier hatte ich beim Trocknen oder Brennen nie irgendwelche Probleme, wahrscheinlich deswegen, weil durch Aushöhlen und Ausschneiden das Gewicht des dickeren eingebauten Wulstes stark reduziert wurde und die »zerfressenen« Zonen dann mit der Stärke der restlichen Wandung ziemlich übereinstimmten. Bei diesen durchbrochenen Arbeiten mit den »zernagten« Teilen zeigen sich die vorteilhaften Eigenschaften eines durchfärbten Tons besonders deutlich. Selbst bei noch so tiefem Schneiden, beim Herausholen der kompliziertesten unterschnittigen Muster, stößt man nie auf andersfarbigen Ton, so daß eine überzeugende Einheit von Form und Gestaltung möglich wird.

Die verschiedenfarbigen Tone lassen sich auch noch auf andere Weise originell verarbeiten. Wenn man zwei oder drei Schichten übereinanderlegt und leicht andrückt, kann man dieses sandwichartige Tonstück behandeln und schneiden wie Kameen. Die Kameenschnitzer benutzen Muscheln und Steine mit farblich verschiedenen Schichten und legen beim Schneiden die einzelnen Farbschichten im Muster frei. Der geschichtete Ton läßt sich in dieser Technik, wie die Stücke mit farbigen Bändern, am besten in lederhartem oder sogar ganz trockenem Zustand schneiden und schnitzen. Die bekannten Wedgwood-Kameen werden allerdings anders hergestellt, und zwar in Applikationstechnik. Hierfür werden kleine kontrastfarbene Tonreliefs aus Modeln geformt und auf die Oberfläche des Tonkörpers appliziert.

Einlegestücke und Applikationen müssen beim Formen in Quetschtechnik während des Aufbauens angebracht werden. Farbige Klümpchen, Streifen und abgerupfte Tonstückchen werden über das teilweise fertige Hauptstück gelegt, das noch sehr feucht sein muß, um den neu hinzukommenden Ton gut ansaugen zu können. Während der Arbeit quetscht man die andersfarbigen Tonauflagen mit ein. Bei dieser Methode sind die Ergebnisse nur annähernd zu steuern und vorauszusagen, im Gegensatz zur echten Einlegetechnik, wo jede scharf begrenzte Linie und jedes Farbfeld genau wie geplant herauskommen muß. Die eingequetschten farbigen Zusatzstücke ergeben oft Überraschungseffekte in der Art von Tintenklecks-Bildern. Manche sind erstaunlich gut, andere nicht sonderlich interessant.

Es gibt noch eine andere Einlegetechnik, die ich selbst zwar nicht ausprobiert habe, aber dennoch erwähnen möchte, da sie unsere Neugier erwecken mag. Sie wird von Père d'Entrecolles 1712 in seinen Briefen aus China beschrieben. Er sagt, daß den Chinesen selbst zum Zeitpunkt seiner Reise das Geheimnis der Urgründe dieser Technik verlorengegangen war.

Hülsenform
Porzellan in Quetschtechnik,
durchstochen und geschnitzt.
Oxidmalerei unter der Glasur,
oxidierend gebrannt bei 1300° C,
19 cm × 15 cm

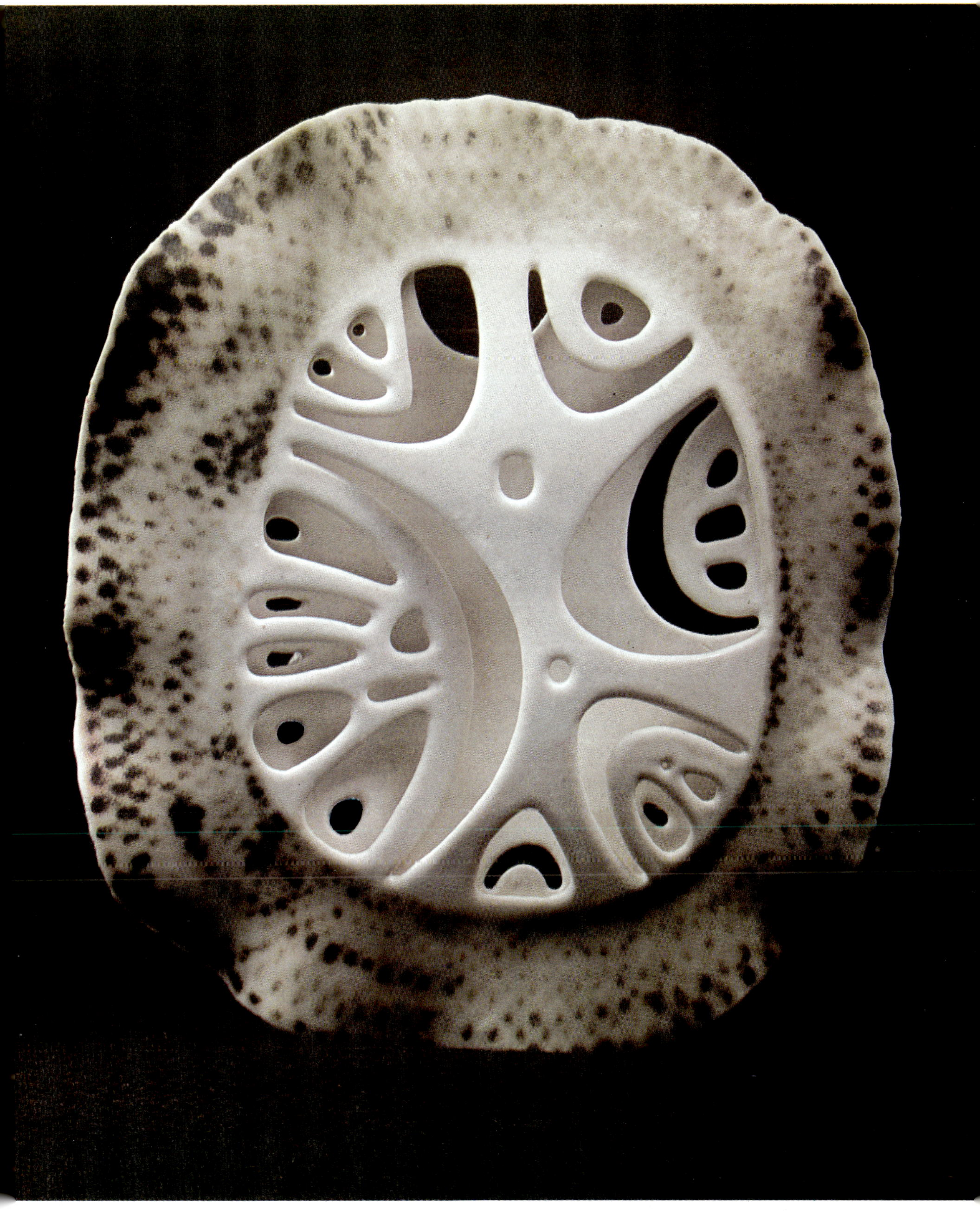

Gefaltete Schale,
Porzellan in Quetschtechnik
mit weißer Mattglasur.
Oxidierend gebrannt bei 1300° C,
15 cm × 10 cm

Schale mit Rand aus Bäumen,
Porzellan in Quetschtechnik.
Rand durchstochen und geschnitzt.
Krakelee-Glasur, oxidierend gebrannt bei 1300° C,
14 cm × 14 cm

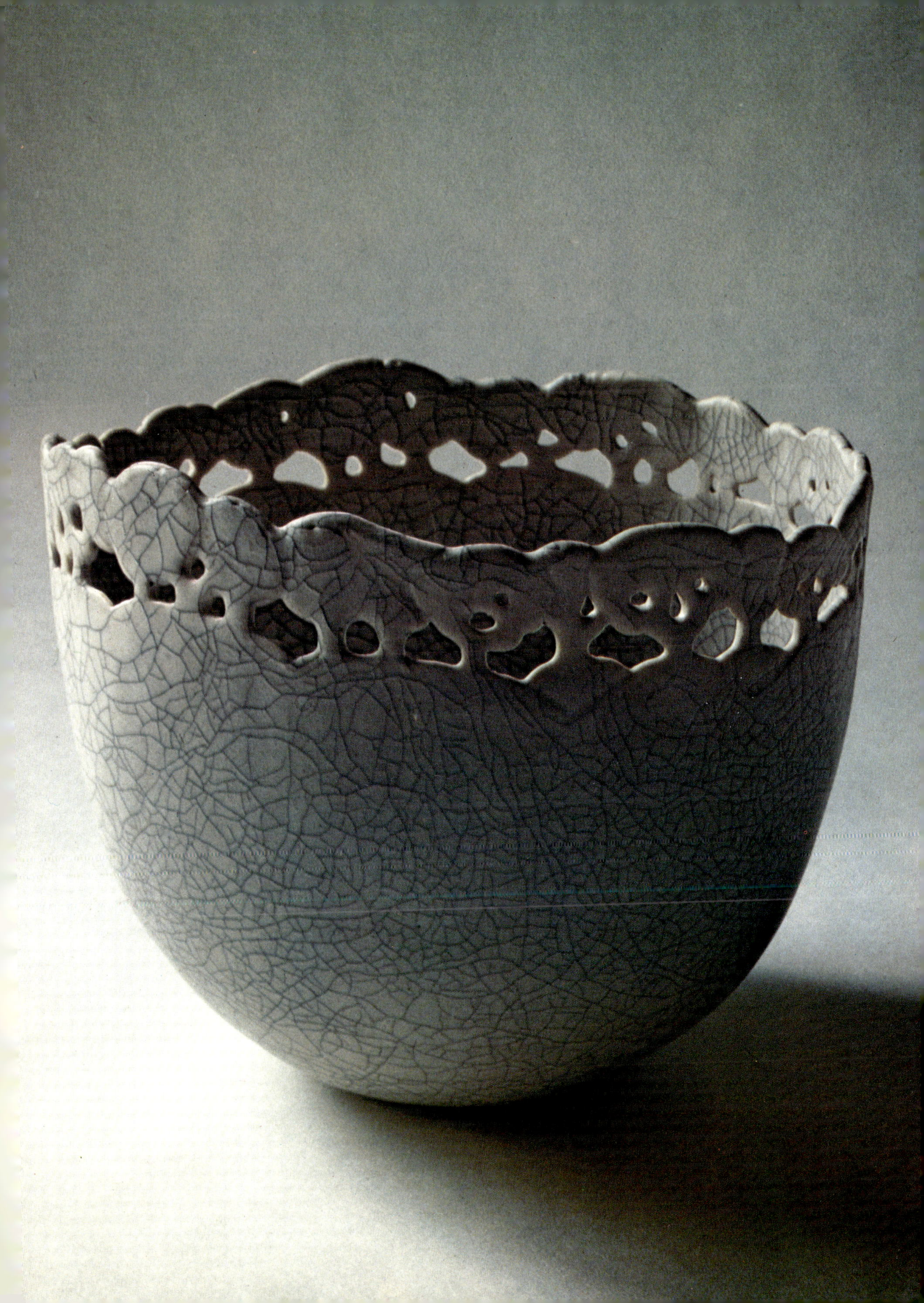

Form mit getigerter Oberfläche,
Porzellan.
Die Oxidbemalung unter der
Glasur ähnelt einem
Leopardenfell
oder einer
getigerten Kaurischnecke
(Cypraea Tigris).
Die Porzellanform
wurde oxidierend gebrannt
bei 1300° C,
20 cm × 15 cm

Rosahauch-Schale,
Porzellan in Quetschtechnik,
Kelchform, schwarz betupft.
Oxidierend gebrannt
bei 1300° C,
14 cm × 10 cm

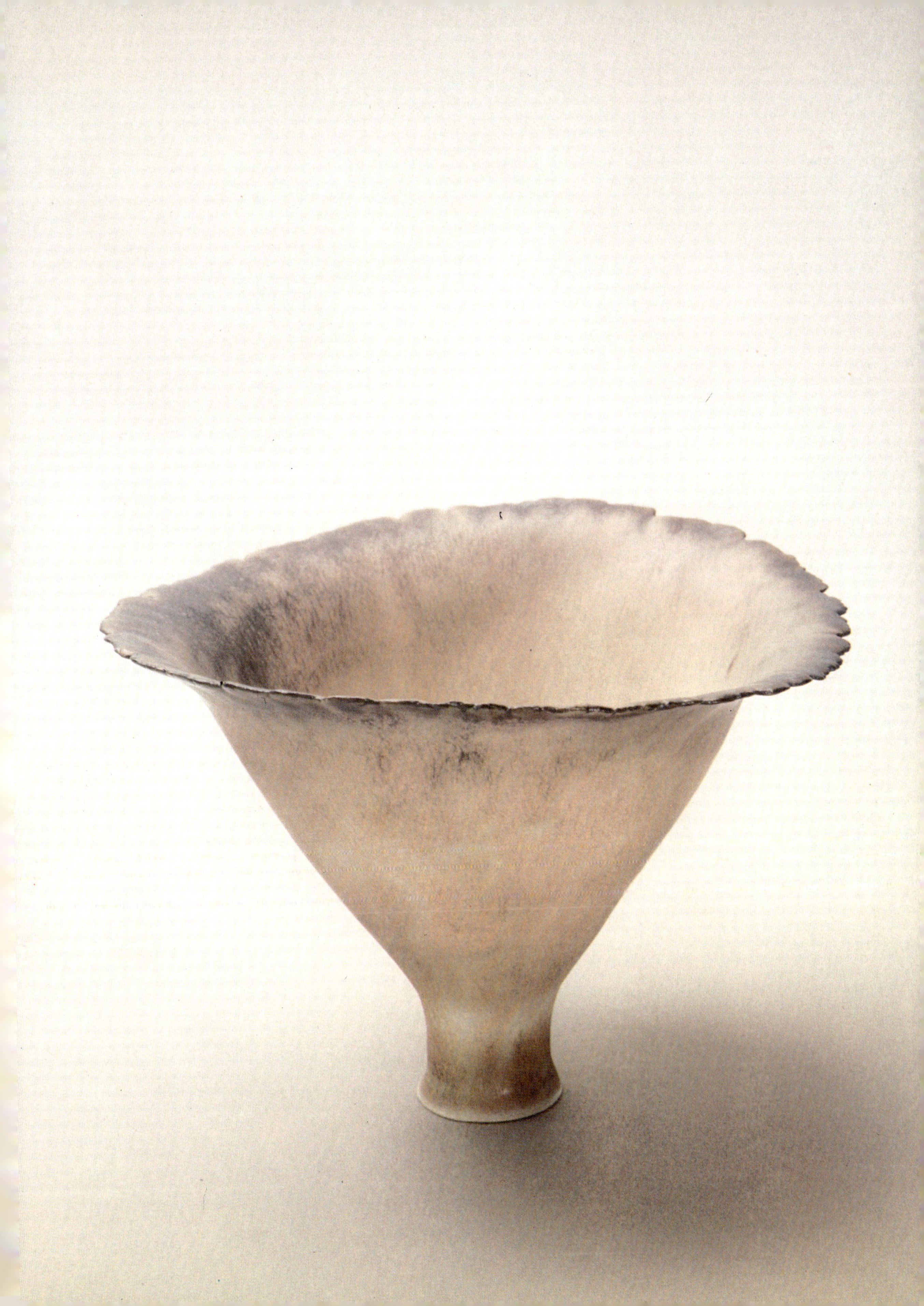

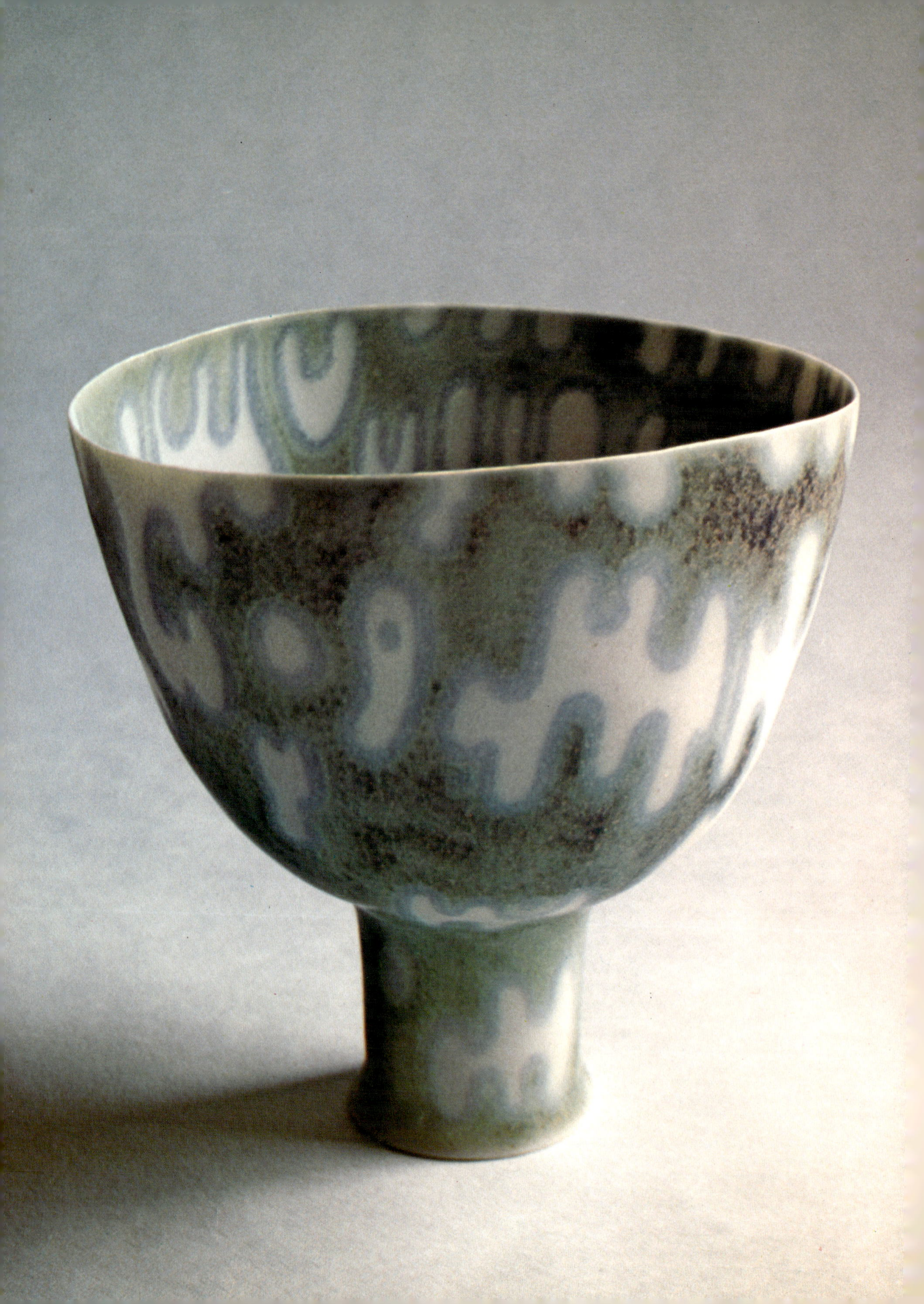

Achatschale,
Porzellan,
aus einer dünnen Scheibe gequetscht,
in der transparente, ungefärbte Zonen
mit weniger transparenten, eingefärbten kontrastieren.
Das Muster ähnelt Halbedelstein-Querschnitten.
Oxidierend gebrannt bei 1300° C,
11,5 cm × 11,5 cm

Paradies-Apfel,
Porzellan,
gequetschte Form
mit modelliertem und geschnitztem Inneren,
unter der Glasur Oxidmalerei.
Oxidierend gebrannt bei 1300° C,
10 cm × 10 cm

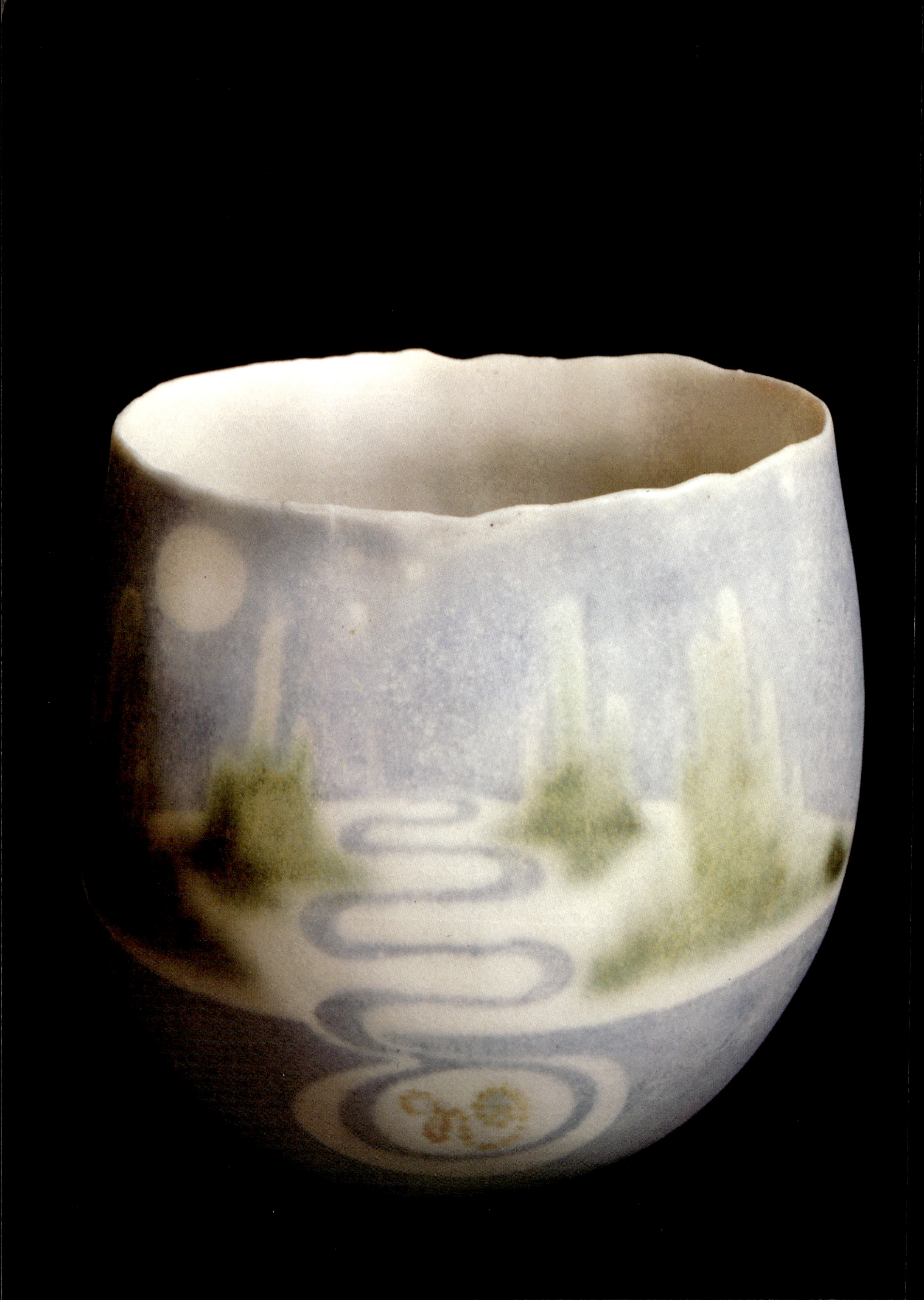

»Sie beherrschen einst die Kunst einer Porzellanbemalung, deren Motive – Fische und andere Tiere – erst an den Wänden der Gefäße sichtbar wurden, wenn diese mit Flüssigkeit gefüllt waren. Man nennt dieses Porzellan »Eingefangenes Himmelblau«, womit die Lage der blauen Farbe angedeutet werden soll. Hierfür verwendetes Porzellan muß sehr dünn sein. Wenn es trocken ist, bemalen sie es mit reichlich Farbe, nicht in ihrer sonstigen Art auf der Außenseite, sondern auf der Innenseite der Stücke. Meist malen sie Fische, deren plötzliches Auftauchen in der mit Wasser gefüllten Form ihnen wahrscheinlich besonders angemessen erscheint. Nach Austrocknen der Farbe wird eine dünne Schicht aus sehr flüssigem Schlicker aufgetragen. So wird das Blau zwischen zwei Tonblättern eingefangen. Wenn das Innere des Porzellans trocken ist, glasiert man es, wartet wiederum eine Weile und stülpt es dann über ein passendes Formstück auf die Drehscheibe zum endgültigen Trocknen. Danach wird es außen, ohne die Farbschicht zu berühren, vorsichtig abgedreht, glasiert, getrocknet und in der üblichen Weise gebrannt. Das Ganze zeugt von einer außerordentlich feinen Arbeit.«[7]

Welch ein Empfindungsreichtum offenbart sich hier, sowohl beim Töpfer, der mit seinem transparenten Material so fantasievoll umzugehen weiß, wie auch bei Père d'Entrecolles mit seiner Hochachtung für die sorgfältig ausgeklügelten Arbeitsgänge – Voraussetzungen für die Gestaltung einer poetischen Idee von verborgenen Fischen, die den Chinesen »für das plötzliche Auftauchen aus einer mit Wasser gefüllten Form besonders angemessen erscheinen.«

Raumellipse,
Porzellan.
Gequetschte Form,
bemalt mit symbolischer Landschaft.
Oxidierend gebrannt bei 1300° C.
13 cm × 13 cm

Neriage (Tonmosaik)

Neriage nennen die Japaner eine sehr alte keramische Technik, bei der farbig gemusterte Tone mosaikartig zu einer Form zusammengesetzt werden. Es hat Ähnlichkeit mit dem Millefioriglas, sowohl in der Herstellung wie im Aussehen.

Als erstes formt man Rollen oder lange Platten aus verschiedenfarbigen Tonsorten, die blättrig eng zusammengepreßt und anschließend in kleine Scheiben oder Stücke geschnitten werden. Diese geäderten Abschnitte zeigen alle das gleiche Muster. Man legt sie in eine Einpreßform und drückt sie fest zu einem Stück zusammen. Durch Hinzugeben von weiteren Abschnitten wächst die Form bis zur gewünschten Größe. Mit dieser Technik lassen sich sehr komplexe Muster herstellen, da die Tonabschnitte nicht alle gleich sein müssen, sondern von verschieden gefärbten und sogar mehrfarbigen Tonträgern stammen können. Oft ergibt diese Arbeit eine mehr oder weniger zufällige, alles überspannende Musterung, aber auch ein klares, kaleidoskopartiges, geometrisch sich wiederholendes Muster ist möglich. Das farbige Tonmosaik läßt sich ebenfalls auf Teile des Gefäßes beschränken, und man kann es in einfarbige Zonen einbauen. Ungeachtet der Musterung behält das Ganze entweder die Dicke der Abschnitte, aus denen es zusammengesetzt wurde, oder man quetscht es anschließend dünner aus. Dabei streckt und verändert sich selbstverständlich das Muster, aber auch dieses kann als besonderer Effekt mit eingeplant werden. Bei den fertigen Stücken sollte man sich fragen, ob sie nach einer glänzenden oder stumpfen Oberfläche verlangen, und sie dementsprechend glasieren oder nicht.

Marmorierte oder Achat-Ware

Die Herstellungstechnik der Achatware bietet ein weiteres Beispiel dafür, wie Farbe und Muster in einem einzigen Arbeitsgang während des Modellierens angebracht werden können. Ich meine damit die sogenannte »massive« marmorierte Ware, die sich mit solcher Bezeichnung absetzen will gegen die bekanntere einfache marmorierte Ware, deren Musterung nur auf der Oberfläche durch farbigen Schlicker oder Glasuren hervorgerufen wird.

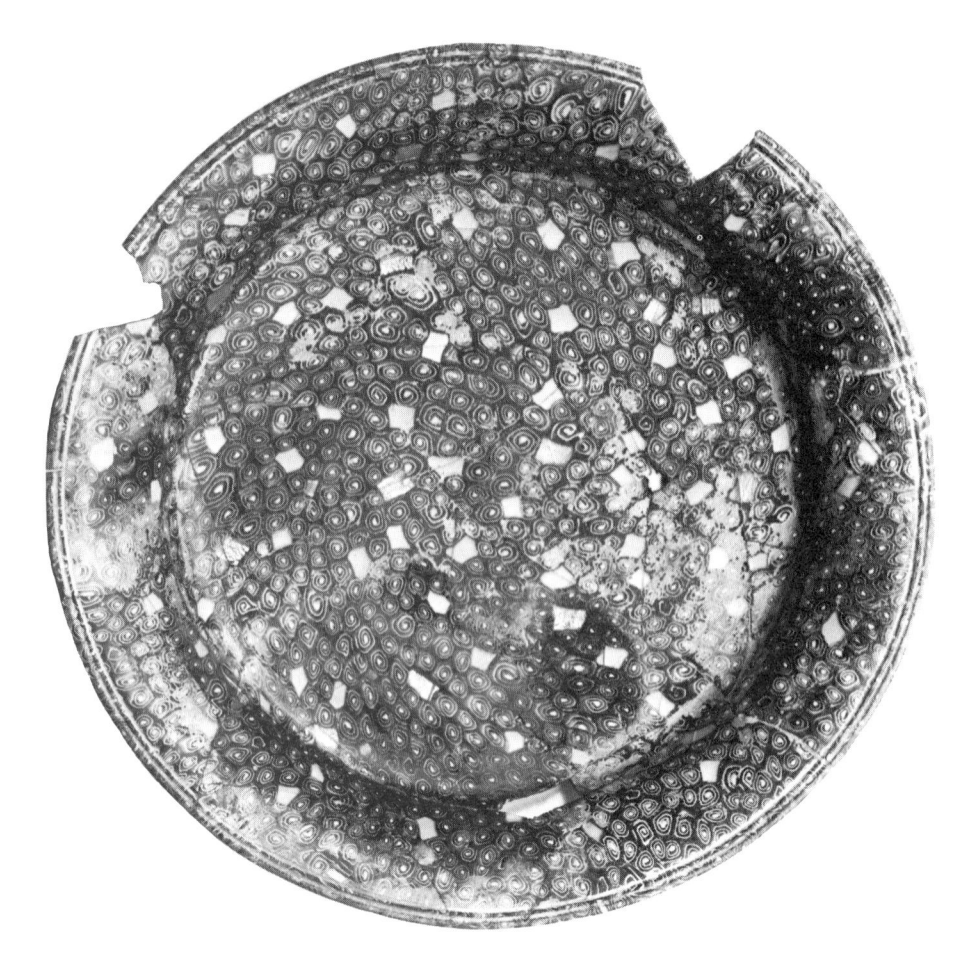

Für die Achatware oder massive marmorierte Ware braucht man zwei oder mehrere verschiedenfarbige Tone, die zu einer homogenen Masse verbunden werden müssen. Manche Töpfer legen die verschiedenfarbigen Tonstreifen zusammen und verklopfen sie zu einer einheitlichen Masse. Andere wenden die Schneide-Schlag-Technik oder das Spiralkneten an. Wie auch die Tonsorten zusammenkommen mögen, je weniger man knetet, desto weitläufiger und deutlicher setzen sich die Farben voneinander ab. Bei langem Kneten vermischen sich die Tone mehr und mehr, die Musterung wird diffuser, und die Farben sind nur noch in kleinen Wirbeln erkennbar.

Wenn der Ton einmal fertig vorbereitet ist, geht die Formarbeit in der üblichen Weise vor sich. Dabei ist es unvermeidlich, daß die Finger auf der Oberfläche die Tone verwischen und verschmieren, wodurch das eigentliche Muster in Umriß und Farbe erst einmal verschwindet, wie wir es von der Einlege- und Applikationstechnik bereits kennen. Erst zum Schluß, wenn die Oberfläche gesäubert und abgeschabt wird, tritt das wirkliche Muster aus verschiedenfarbigen Tonen voll zutage. Das ist jedesmal von neuem ein erregendes Erlebnis!

Ebenso wie andere mehrfarbige Gefäße, kann man Achatware glasieren, aber auch unglasiert lassen, je nachdem, was erreicht werden soll. Eine glasartige Glasur hebt die Vielfarbigkeit leuchtender hervor, wie auch nasse, bunte Kiesel immer farbiger wirken als trockene. Opake Glasuren hingegen lassen die farbigen Tonmuster sanft verschwimmen.

Die Achatware wurde im achtzehnten Jahrhundert entwickelt und sehr häufig hergestellt. Die schönsten Stücke stammen wohl von Thomas Whieldon (1719–1795). Aber wie überall auf dem keramischen Sektor

Dieser flache Teller besteht
hauptsächlich aus Abschnitten von farbigen Glasrollen,
deren Querschnitte wie bei bestimmten Küstengesteinen
eine opakweiße Spirale mit opakgelbem Mittelpunkt zeigen.
Sie sind in einen klaren, tiefblauen Untergrund gebettet.
Der Teller enthält außerdem
zahlreiche Glasplättchen mit eingelegter Goldfolie,
sowie opakweiße, farblose und opakgelbe Glasstückchen.
Über einen Kern geformt,
mit einer Außenform bedeckt
und dann dem Schmelzprozeß unterworfen,
wurde der Teller zum Schluß
geschliffen und glatt poliert.
Spätes drittes Jahrhundert v. Chr., Italien.

haben auch hier die Chinesen lange Zeit vorher die Achatware erforscht und wundervolle Arbeiten in dieser Technik geschaffen. Es gibt hinreißend schöne marmorierte Schalen und Schüsseln, die aus der T'ang-Zeit (618–906) datieren.

Ich möchte noch einmal betonen, daß die verschiedenen, hier geschilderten Methoden zur Verarbeitung eingefärbter Tonmassen, sei es Einlegetechnik, Neriage, Applikationsarbeit oder Achatware, sich sowohl für Steinzeug- wie Porzellanmassen eignen. Es müssen nur alle zu einem Stück verarbeiteten Tone dieselbe Schmelztemperatur besitzen.

Glasuren

Die Glasur eines Topfes ist seine Haut, sein Mantel – mal fein, zart und eng anliegend wie eine Pfirsichhaut oder die Perlmuttschicht einer Muschel, mal kräftig und grobporig wie eine Orangenschale. Eine Glasur kann Teil des Ganzen sein, unsichtbar herausgewachsen aus dem Inneren des Tonkörpers, aber sie mag auch auf der Form liegen wie ein weiches Mooskissen auf einem Felsen, das an seinen Rändern den Untergrund freigibt. Dann zeigt sich meist, am Fuß des Gefäßes, der nackte Tonscherben, manchmal ist uns sogar, als müßten wir die dicken Glasurtropfen abheben oder nach unten streichen. Es gibt glatte, dichte glasige Glasuren, aber auch unebene lockere Kraterglasuren, die an aufkochende, in Weißglut schmelzende Felsmassen am Rande der Vulkane erinnern. (Man kann mit einer dunklen Sonnenbrille durch das Schauloch im Brennofen diesen Schmelzfluß bei Weißglut tatsächlich beobachten.) Glasierte Gefäße lassen sich leichter sauberhalten, und Flüssigkeit dringt nicht so schnell in den Scherben ein, aber diese praktischen Gesichtspunkte sind für den Aufbautöpfer weniger wichtig, da er selten Tafelgeschirr herstellt; die dabei auftretenden Probleme lassen sich besser mit der Drehtechnik bewältigen. Handgebaute Stücke werden im Prinzip nur glasiert, um die Ausdruckskraft zu steigern und weitere Akzente zu setzen. So mag jede Glasur – ob

Achatschale, Durchmesser 9 cm

Marmorierte Irdenware-Trinkschale aus China, T'ang-Zeit, knapp 5 cm hoch.

stumpf, genarbt, krakeliert oder gelaufen – vertretbar sein, solange sie als selbstverständlich und der Idee des Ganzen zugehörig empfunden wird. Glasureffekte müssen immer aus einer sicheren Kenntnis der Materie kommen und dürfen nicht Anzeichen mangelnder Erfahrung sein.

Das Erforschen von Glasuren kann zur Lieblingsbeschäftigung eines Mathematikers werden und für einen Chemiker zur ständigen Herausforderung, doch für uns stellen sich diese Probleme anders. Wir möchten aus einem natürlichen Bedürfnis mit unseren Händen auf einfache Weise Töpfe formen, und dementsprechend suchen wir Glasuren, die – zumindest in der Grundzusammensetzung – so unkompliziert wie möglich sind. Am besten untersuchen wir deshalb die alten historischen Glasuren, deren überraschende Schönheit lediglich von der Beobachtungsgabe und der praktischen Erfahrung jener Töpfer abhing, die weder von Chemie, noch von Glasurtheorie etwas verstanden.

Man vermutet, daß die ersten Glasuren rein zufällig auftraten, indem eines Tages Flugasche vom Holzfeuer kleine Glasurflecken auf der Schulter eines Topfes hinterließ. Diese Entdeckung mag den Töpfer dazu gebracht haben, beim nächsten Mal Asche über die Ware zu streuen oder sie damit einzureiben, um durch das Schmelzen während des Brandes womöglich einen Überzug auf seinen Töpfen zu erhalten. In der Tat liefert Holzasche, in die ungebrannte Tonoberfläche eingerieben, bei ca. 1260° C eine sehr schöne Glasur. Sie fällt auf eisenhaltigem Ton besonders reich aus, auch über einer leichten Eisenoxidschlämme auf einer nicht aggressiven Masse. Ich habe diese Glasurmethode häufig angewandt, wenn ich im Elektrobrand moosig wirkende Oberflächen erzielen wollte. Die dafür notwendige Holzasche wasche ich nicht aus, sondern siebe sie lediglich durch ein normales Haushaltssieb, damit Rückstände vom großen Feuerhaufen – Nägel oder Aststückchen – ausgesondert werden. Es gibt noch eine weitere, sehr einfache Glasurtechnik, die möglicherweise ebenfalls durch Zufall entdeckt wurde. Ich denke dabei an das Aufmalen niedrig schmelzender Tone auf die Oberfläche von hochzuverbrennender Ware. Vielleicht geriet irgendwann ein Topf aus niedrig schmelzender Masse in einen hohen Brand und zerfloß zu glasiger Schmelze. Das mag den Töpfer dazu angeregt haben, seine feuerfesten Gefäße mit Schlicker aus niedrig brennendem Ton zu überziehen, um eine glasartige, glänzende Außenhaut zu bekommen.

Eine stetige Quelle der Inspiration mögen für uns die einfachen Glasuren der japanischen Teeschalen sein – Glasuren von wundervoller Ausstrahlung und großem taktilen Reiz – die aus nichts anderem bestehen als grobgemahlenem, geschmolzenem Gestein. Ähnlich verhält es sich mit den berühmten historischen Glasuren der

Chinesen, die ebenfalls rein empirisch entwickelt wurden. Sie bestehen hauptsächlich aus gemahlenen Steinen, Tonen und Aschen, die, gesiebt und gewaschen, eine Glasurmasse für hohe Brenntemperaturen ergaben. So enthalten zum Beispiel einige der schönsten milchigweißen Glasuren lediglich pulverisiertes Feldspatgestein, bei 1200° C bis 1300° C glattgebrannt.
Feldspat ist für alle Experimente ein sehr gutes Ausgangsmaterial, dem man verschiedene einfache Zusätze beigeben kann, um bestimmte Wirkungen herauszuholen. Will man den Schmelzpunkt der Glasur herabsetzen und sie fließender machen, wird ein Flußmittel, zum Beispiel Kalkspat, eingeführt. Eine Mischung aus 15% Kalkspat und 85% Feldspat (beides als Trockengewicht) gibt eine gute Basisglasur für Brenntemperaturen um 1250° C bis 1300° C ab. Eine Kombination von 60% Feldspat, 20% Kalkspat und 20% Flint eignet sich besonders als Prozellanglasur, ebenso wie die Zusammensetzung von 25% Feldspat, 25% Quarz, 25% Kalkspat und 25% Kaolin.
Unvermischte Holzaschen können bei Steinzeugtemperaturen zu wundervollen Glasuren ausschmelzen. Jede einzelne Baumart, jede Pflanzen-, Busch- und Grassorte liefert Ascheglasuren mit unterschiedlichen individuellen Zügen. Man kann die Asche so benutzen, wie sie vom Feuerplatz draußen oder vom Kamin anfällt, aber man kann sie auch mehrere Male sieben, waschen und trocknen für den späteren Gebrauch. Beim elektrischen Brennen ist man auf jede nur mögliche Erscheinung von belebenden »Unreinheiten« angewiesen, und deshalb verwende ich selbst gern ungewaschene, »unreine« Aschen. Die trockene Asche läßt sich dick in den noch feuchten Topf einreiben oder mit Wasser verrührt auf das rohe oder geschrühte Stück pinseln, bzw. gießen. Ist ausreichend Glasur vorhanden, mag man den Topf auch einstippen und tauchen. Sollen die Glasureigenschaften verbessert werden, sind wiederum entsprechende Zusätze möglich:

Kaolin	50%	
Holzasche	50%	
ball clay	50%	(Schlickerglasur zum
Holzasche	50%	Rohglasieren)
china stone	50%	(Cornish stone, Pegma-
Holzasche	50%	tit, Petunze; Anm. des Übers.)
Feldspat	50%	
Holzasche	50%	

Diese Mischungsverhältnisse lassen sich zu weiteren Experimenten mit Verschiebungen um je zehn Prozent variieren. Zum Beispiel:

Tonpulver	60%
Holzasche	40%
Gestein	70%
Holzasche	30%

Mit Ton- und Gesteinzusätzen:

Holzasche	50%
Feldspat	25%
Kaolin	25%

Selbstverständlich fallen diese Glasuren auf den jeweiligen Tonmassen sehr verschieden aus; ein eisenhaltiger Ton ruft andere Wirkungen hervor als ein weißbrennender. Den wichtigsten Einfluß übt allerdings immer die Brennatmosphäre – oxidierend oder reduzierend – aus.

Weitere Variationen bieten uns die Metalloxide. Eisen-, Mangan- und Kupferoxide lassen sich unter der Glasur aufbürsten, mit einem Schwamm antupfen, übersprühen oder malen. Zweifaches Glasurtauchen und Wachsabdecktechniken vervollständigen dieses Gebiet.

Wie Asche, so ist auch Ton ein Material, das sich ohne Beimischungen für Glasuren eignet, falls hoch genug gebrannt wird. Ein verhältnismäßig niedrig schmelzender Ton kann auf feuerfesten Hochtemperaturmassen als Glasur verwendet werden. Beispielsweise schmilzt gewöhnlicher roter Ton auf Steinzeugmassen zu einer satten, tieffarbenen Glasur aus. Will man den Schmelzpunkt des Tons herabsetzen, läßt sich dieses durch Hinzufügen eines Flußmittels in Form von Asche oder Feldspat erreichen. Ein Versatz aus dem Porzellanton selbst mit Kalkspat oder Asche ergibt eine wirkungsvolle Porzellanglasur.

Steinzeugglasuren können auch als Porzellanglasuren dienen, wenn sie bei den hohen, zum Verglasen des Prozellans notwendigen Brenntemperaturen (ca. 1300° C) noch zufriedenstellende Schmelzergebnisse liefern. Da aber die Transparenz des Scherbens vielleicht gerade die köstliche Eigenschaft des Porzellans darstellt, wählen die meisten Töpfer eher weiße, zartfarbene oder durchscheinende Glasuren, als dicke und dunkelfarbene, die den feinen Untergrund verdecken. Selbstverständlich bleibt die Entscheidung jedem einzelnen überlassen, und es gibt auch hier keine Regeln. Alles hängt davon ab, was wir aus unserem Material herausholen, und was wir akzentuieren möchten. Dickwandiges, opak glasiertes Porzellan kann eine geheimnisvoll intensive Ausstrahlung besitzen, völlig anders als ein mit gleicher Glasur behandeltes Steinzeug.

Stellt man Glasuren in dieser Weise her, gewinnt man schnell Sicherheit und Selbstvertrauen. Es bieten sich hiermit für unsere handgetöpferten Stücke so viele und schöne Variationsmöglichkeiten, daß wir nicht unbedingt mit komplizierten Glasurformeln weiter experimentieren müssen. Sollte die Neugierde uns trotzdem plagen, möchte ich auf die große Anzahl ausgezeichneter Fachbücher hinweisen, in denen alle Spielarten der Glasurzubereitung zu finden sind, außerdem ausreichend Versätze und Formeln, um uns für den Rest des Lebens zu beschäftigen.

Ein und dasselbe Glasurrezept führt bei verschiedenen Töpfern fast immer zu unterschiedlichen Ergebnissen, und genaue Resultate lassen sich nur schwer voraussagen. Es spielen dabei zu viele Faktoren mit: Die verschiedenen Tonmassen, die anders gesteuerte Brennatmosphäre, die unterschiedliche Dickwandigkeit der Gefäße wie auch die Temperatur des vorangegangenen Schrühbrandes. Ist die Ware niedrig geschrüht, saugt sie selbstverständlich mehr Glasur auf als der nicht mehr so poröse, höher gebrannte Scherben.

Für das Glasieren gibt es mehrere Methoden. Man kann die Glasur mit dem Pinsel auftragen, sie über das Stück gießen, sprühen und auch als Tauchbad benutzen. Das Auftragen mit dem Pinsel eignet sich besonders zum Glasieren von ungebrannter Ware, die oft zum Eintauchen zu dünnwandig ist und sich beim Begießen verziehen würde. Hingegen ist es besser, große, unhandliche Stücke zu begießen. Man legt sie quer über den Glasurbehälter auf Leisten oder Stäbe und gießt die Glasur rundum über die Gefäßwände. Dabei muß man achtgeben und im richtigen Moment stoppen, wenn der Gießkreis sich schließt, sonst gibt es sofort eine sichtbare Überlappung des Glasurmantels. Natürlich kann dieser Effekt auch beabsichtigt und im voraus eingeplant sein. Wie bereits erwähnt, werden Glasuren auch aufgesprüht oder -gespritzt. Für kleineren Bedarf genügt ein einfacher

Zerstäuber, aber im allgemeinen erfordert diese Glasiermethode eine teure Ausrüstung mit Spritzpistole, Spritzkabine und Kompressor. Am einfachsten läßt sich ein Gefäß durch Eintauchen glasieren. Voraussetzung ist selbstverständlich eine hierfür ausreichende Glasurmenge. Oft rinnt nach dem Eintauchen von dem Stück der Glasurüberschuß ab und hinterläßt Rinnen und Tropfen, Unregelmäßigkeiten, die auf der gebrannten Oberfläche leichte Farbvariationen hervorrufen – was einem handgebauten Stück feine Nuancierungen geben kann. Will man ein sehr dünnwandiges Porzellangefäß tauchen, muß es so schnell wie möglich geschehen, damit nur eine ganz dünne Glasurschicht aufgenommen wird; andernfalls pellt sie beim Trocknen ab. Dickwandige Stücke taucht man langsamer, ja auch zweifaches Tauchen ist üblich. Mit ein und derselben Glasur gewinnt man dabei sattere und intensivere Farben, während das Doppeltauchen in verschiedene Glasuren manchmal überraschende Effekte hervorbringt.

Ich habe bereits darauf hingewiesen, daß es sehr viele Bücher über Glasuren und Glasiermethoden gibt. Auch wird fast in jedem Keramikbuch diesem Thema ein ausführliches Kapitel gewidmet. Für den Anfänger möchte ich die leichtverständliche Abhandlung von Lynne Reeve in dem Buch von Michael Casson, »The Craft of the Potter«, empfehlen. Zur weiteren Lektüre beachte man die Titel in der Bibliographie am Schluß dieses Buches.

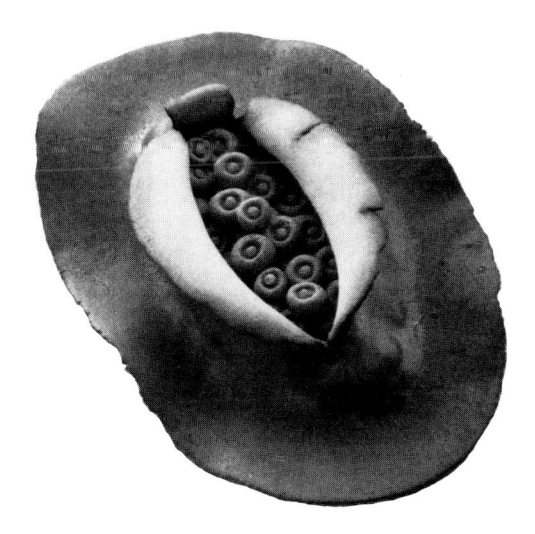

»Samenhülsen«,
in der gleichen Technik gearbeitet
wie die auf Seite 90 und 91 abgebildeten Gefäße.
Durchmesser 7,5 cm, 1972

»El Pensador«,
Krug in Form eines hockenden Mannes
aus Colima, Mexiko, Höhe 21,5 cm

4
DIE TRADITION DES HANDBAUENS

Wenn wir auf einfache Weise – nur mit unseren Händen – aus Ton einen Topf formen, erleben wir Empfindungen, die uns über riesige Zeiträume hinweg mit den allerersten Schöpfererlebnissen der Menschheit verbinden.

Während der Altsteinzeit formte man aus Ton Nachbildungen von Menschen und Tieren, aber diese Figuren wurden nicht gebrannt, sondern an der Luft getrocknet. Später, in der Jungsteinzeit, benutzte man ungebrannten Ton zum Bauen von Hauswänden und Fußböden. Diese wurden sorgfältig aus Tonlagen angefertigt, zum Schluß mit rotem Schlicker überzogen und dann dicht und glatt poliert. Auch Backsteine waren bereits bekannt; man formte sie entweder nur mit den Händen oder aus entsprechenden Modeln und überließ sie der Sonne zum Härten. Mit Tonbrei anstelle von Mörtel wurden aus diesen Steinen die ersten Siedlungen gebaut.

Gegen Ende der Eiszeit holten die Menschen das Feuer in ihre Höhlen und machten es sich nutzbar. Wir wissen allerdings nicht genau, wann das Feuer zum erstenmal bewußt zum Härten von Ton eingesetzt wurde, wann es die plastische Masse in einen festen, unveränderlichen Zustand überführte, d.h. wann die erste Töpferware entstand. Man vermutet, daß auch hier der Zufall mitgewirkt hat, indem beispielsweise ein mit Ton abgedichteter Korb ins Feuer fiel, das Flechtwerk wegbrannte und nachher in der Asche eine Tonform übrigblieb. Es gibt eine andere Version, die auf der Entdeckung flacher, mit Ton ausgelegter Gruben fußt, wie sie in der Jungsteinzeit in Wohnstätten um Jericho üblich waren. Wahrscheinlich handelte es sich bei diesen kleinen Gruben um Kochstellen, und es wäre denkbar, daß die durch das Feuer hartgebrannte Tonauskleidung den Menschen die Idee eingab, auch für andere Zwecke Tonschalen zu formen und zu brennen.

Was auch zu dieser Entdeckung geführt haben mag, von einem gewissen Zeitpunkt an war man sich bewußt, daß genügend Hitze eine Umwandlung des Tones bewirken konnte; Feuer, so hatte man erkannt, härtete eine aus weichem, flexiblem Tonmaterial hergestellte Form zu dauerhafter Festigkeit.

Wahrscheinlich ereigneten sich diese Vorgänge im mittleren Osten während des sechsten Jahrtausends v. Chr. und vielleicht sogar früher. Mit Sicherheit läßt sich sagen, daß um 5500 v. Chr. in vielen Orten der iranischen Hochebene, in Syrien und Palästina Töpferware hergestellt wurde. In Ägypten mag der Anfang gegen Ende des fünften Jahrtausends v. Chr. und in China um 3000 v. Chr. anzusetzen sein.

Die Töpferscheibe tauchte nicht überall zur gleichen Zeit auf, und lange nach ihrer Erfindung stand in vielen Teilen der Welt nach wie vor das Handbauen von Gefäßen an erster Stelle. Beispielsweise blieb im präkolumbianischen Amerika die Töpferscheibe unbekannt, und die großartigen Töpferwaren der alten Zivilisationen von Nord-, Süd- und Zentralamerika wurden von Hand geformt.

Afrikanische Töpferinnen

Obgleich Werkzeug, Material und Techniken der afrikanischen Töpfer überaus einfach sind, kann man sich leicht vorstellen, wieviel handwerkliche Erfahrung und Fertigkeit erforderlich sein müssen, um solch wundervolle Gefäße hervorzubringen. Diese durch unzählige erfolgreiche, aber auch enttäuschende Versuche errungenen Kenntnisse wurden über lange Zeitperioden hin in ununterbrochener Folge von der Mutter an die Tochter, seltener vom Vater an den Sohn, weitergegeben.

Das Formen mit der Hand ohne Töpferscheibe wird in Afrika allgemein als Frauenarbeit angesehen, und die kleinen Mädchen erlernen schon sehr früh, manchmal mit vier oder fünf Jahren, das Handwerk von der Mutter oder einer Verwandten. Die Frauen töpfern oft nur für den eigenen Bedarf, Gegenstände, die im Haushalt gebraucht werden. Jede Frau im Dorf führt das Töpfern als eine von vielen selbstverständlichen Arbeiten aus. Meist töpfert man draußen, allein oder in einer Gruppe mit anderen Frauen. Wenn es an der Zeit ist, werden alle Töpfe gemeinsam in einem großen offenen Feuerhaufen gebrannt, eine Arbeit, an der sich alle Frauen des Dorfes beteiligen. Andere Töpfe, die zum Verkauf an der Straßenkreuzung oder auf dem Markt bestimmt sind, werden von den Frauen – auf dem Kopf balancierend – dorthin gebracht. Manchmal werden sie auch, zusammen mit dem selbstgezogenen Gemüse, in grobgewebten, netzartigen Säcken, die an den Enden einer über die Schultern gelegten Stange herabhängen, transportiert. Diese ungezwungene Haltung ihrem Handwerk gegenüber, das sich ganz natürlich in andere häusliche Arbeiten einfügt, scheint bei den afrikanischen Töpferinnen recht häufig zu sein, jedenfalls dort, wo im eigenen Heim und dessen Umkreis getöpfert wird. Aber es gibt auch Dörfer und größere Ansiedlungen – meist in der Nähe von reichhaltigen Tonlagern –, wo die Frauen eine solche Geschicklichkeit im Töpfern entwickeln, daß ihre feine Ware überall bekannt ist und von weither Käufer anlockt. Oft kommen Händler in diese Dörfer und kaufen an Ort und Stelle. Ein Beispiel dafür bieten die Bamessi-Töpferinnen. »Die Bamessi-Töpferinnen, überall in den Weideländern als die geschicktesten Tonarbeiter bekannt, besitzen im Inneren von Kamerun gewissermaßen eine Monopolstellung in der Keramikproduktion.«[8]

Interessant ist auch die Feststellung, welche Bedeutung eine bewundernde Protektion für die künstlerische Entwicklung dieser Töpferinnen haben kann. »Die weite Verbreitung der Bamessi-Töpferware geht nicht nur auf ein gut entwickeltes Handelssystem zurück, sondern auch auf die Tatsache, daß Häuptlingsfrauen der Bamessi den Häuptlingsfrauen anderer Stämme oftmals Karamiken zum Geschenk machten. Laut Gebauer besaß die Hauptfrau des Fon Njoya, die Bamessi-Ware über alles hochschätzte, etwa fünfzig Stück in ihrem prominenten Haushalt.«[9]

Im Inneren von Ghana und an der Elfenbeinküste werden die Keramiken der Degha-Töpferinnen als besonders wertvoll angesehen. Diese leben hauptsächlich in den Siedlungen entlang des Black Volta River und seiner Nebenflüsse und beanspruchen für sich die hier gelagerten feinsten Tone der gesamten Region. Jede gesunde, kräftige Degha-Frau ist Töpferin, und in Zentren wie Bondakele werden jeden Monat ca. vierhundertfünfzig Töpfe hergestellt. Selbst in den kleinsten Dörfern kommt man auf rund einhundertfünfzig Töpfe, die in einem gemeinschaftlichen großen Feuerhaufen monatlich gebrannt werden. Die kunstvoll gearbeiteten Töpfe sind bekannt und begehrt; sie werden nicht nur auf den Märkten der Umgebung an Einheimische verkauft, sondern auf Lastwagen verladen bis zu einhundertfünfzig Kilometer weit transportiert, verteilt und abgesetzt. Außer für die eigentliche Produktion sind die Frauen auch für den weitverzweigten Vertrieb ihrer Ware verantwortlich.[10]

Die Bamessi- und auch die Degha-Töpferinnen bilden in ihren Dörfern eine Art Arbeitsgemeinschaft und benutzen für ihre Verkaufsware die gleichen traditionellen Aufbaumethoden und Brenntechniken, d.h. sie veranstalten große offene Feuer.

Nupe-Kochtopf, Nigeria.
Dunkelkastanienbrauner Topf
mit eingeschnittenem Dekor
und polierten Zonen,
Höhe 35,5 cm

Eine dunkelbraune Schale aus Inyi,
von der Töpferin Nwayieme,
die solche »geschnitzten« Oberflächen
bei anderen Stücken
der Ibo-Töpferei gesehen hat.
Höhe 18 cm

Außer diesen gemeinschaftlichen, umfangreichen Produktionszentren gibt es in Afrika auch einzelne Töpferinnen, die für ihre höchst individuellen Arbeiten bekannt und berühmt geworden sind. Die kunstvoll entwickelten Dekors auf ihren Töpfen sind oft so unverwechselbar, daß sie wie Signaturen wirken und auch angewandt werden. Nicht selten hört man, daß sich diese Töpferinnen lebhaft darüber ärgern, wenn man ihre Arbeiten kopiert. Sylvia Leith-Ross berichtet über sie: »Man hat nie das Gefühl, daß sie (die Töpferinnen) gegen ihr Material arbeiten, sondern sie arbeiten mit ihm. Da sie aber auf der anderen Seite Individualistinnen sind, können sie selten der Gelegenheit widerstehen, eine kleine Drehung oder einen Schnörkel anzubringen, der deutlich zu verstehen gibt, »das ist MEIN Topf, ICH habe ihn gemacht«. Daher rührt die enorme Vielfältigkeit der Formen und Dekors.«[11]

Aber die Spezialisierung der Einzeltöpferinnen und ihr Wille zum Individuellen hat nicht nur diese Reichhaltigkeit der Formen und Dekors zur Folge, sondern auch eine Verfeinerung der Herstellungstechniken, so daß manche Frauen eine wahre Meisterschaft erreichen und berühmt werden für ihre hervorragenden Arbeiten. So hat zum Beispiel das Töpferei-Museum in Jos, Nigeria, eine überaus schöne Schale von Nwayieme aufgekauft, »der besten Inyi-Töpferin, die dafür ungemischten Ton verwendete und das Gefäß aus Wülsten aufbaute. Zum Dekorieren benutzte sie nur den kleinen ›Kamm‹, spitze Stöckchen, einen Stein zum Polieren und einen hölzernen Spatel.«[12]

Formtechniken

Ob es sich nun um einzelne, für den persönlichen Gebrauch angefertigte Töpfe handelt oder um größere Mengen in den Töpferdörfern hergestellter, für den Verkauf bestimmter Ware, immer liegt der Formarbeit die gleiche einfache Ausgangsmethode zugrunde. Das gilt auch für die obenerwähn-

Wasserkrug oder Vorratsgefäß
aus Igala, Nigeria.
Weißer Dekor auf rotem Untergrund.
Ein typisches Brautgeschenk,
Höhe 56 cm

ten Einzelstücke begabter Töpferinnen, deren Gefäße sehr begehrt sind und oft als Braut- oder Wöchnerinnengeschenke auf Bestellung gearbeitet werden. Natürlich gibt es gelegentlich interessante Abwandlungen dieser Grundmethode, die aber meist lokalen Gebräuchen oder der Beschaffenheit örtlicher Tonsorten Rechnung tragen.

Die beiden wichtigsten Voraussetzungen sind guter, plastischer, leicht zugänglicher Ton und ausreichende Mengen Feuerholz für das Brennen der fertigen Töpfe. Die einfachen Werkzeuge zum Formen, Schlagen, Verfeinern, Polieren, Dekorieren und Bemalen der Stücke lassen sich leicht aus Kieselsteinen, Baumrinden, Blättern und Stöcken herrichten, Dingen, die überall rundum zu finden sind. Auch hier gibt es kleine Unterschiede, die aber interessante Rückschlüsse zulassen. Da die Töpfer meist Gegenstände aus der Natur oder ihrer eigenen Alltagswelt verwenden, spiegeln diese Dinge die Lebensgewohnheiten der Menschen und ihrer Landschaft; sie berichten über Viehhaltung, Getreidezucht und Naturbewältigung.

Der Ton wird im allgemeinen von den Töpferinnen selbst abgegraben – womöglich am nahe gelegenen Flußufer –, ins Dorf gebracht und dort zubereitet. Handelt es sich um sehr guten Ton, braucht nichts weiter damit zu geschehen, andernfalls werden verschiedene Zutaten beigemischt. Man verwendet dafür Sand, feingemahlene Topfscherben, verwitterten Granitstaub oder pulverisierte Muscheln. Solches Material wird zusammen mit dem Ton in einem Mörser oder auf dem Erdboden unter Hinzufügen von Wasser zerstampft, und wenn sich alle Bestandteile gut miteinander vermischt haben, knetet man das Gemenge zu einer plastischen Masse auf einer Unterlage aus Holz, Stein oder einfach auf dem Erdboden.

Manche Töpferinnen sitzen bei der Arbeit vor dem Topf, entweder direkt auf dem Erdboden oder auf irgendeinem niedrigen Sitz. Der Topf ruht dann zwischen Schenkeln und Knien, aber beim Glätten, Schaben und Dekorieren auch auf dem gebeugten Spann des Fußes. Diese Töpferin-

Die hier abgebildeten Fotos
zeigen Töpferinnen in Kigali, Ruanda,
bei der Herstellung ihrer Gefäße.
Die Arbeit wird geteilt.
Halbfertige Töpfe sieht man oben,
mit der Formerin rechts
und der Dekorateurin links im Bild.
Auf der Stütze eines kleinen Topfscherbens
wird der Topf aufgebaut.
Die untertassenförmige Grundlage
ruht in einer Vertiefung des staubigen Bodens
und ermöglicht der Töpferin,
während der Arbeit das Stück zu drehen.
Die ältere Frau (oben rechts)
baut die Hauptform
und ihre jüngere Mitarbeiterin
verfeinert und dekoriert sie.
Zum Schluß wird jeder Topf
ausgiebig mit einem Holzpaddel geklopft,
um Unebenheiten zu beseitigen
und die Wände zu verdichten.
In den noch feuchten Ton
preßt man zur Dekoration
Stücke von Halmen und Stengeln,
die, wenn man sie rund
um den Topf laufen läßt,
eine spiralige Rippenstruktur ergeben.
Das wiederholt sich auf dem breiten Rand
(unten links und rechts).

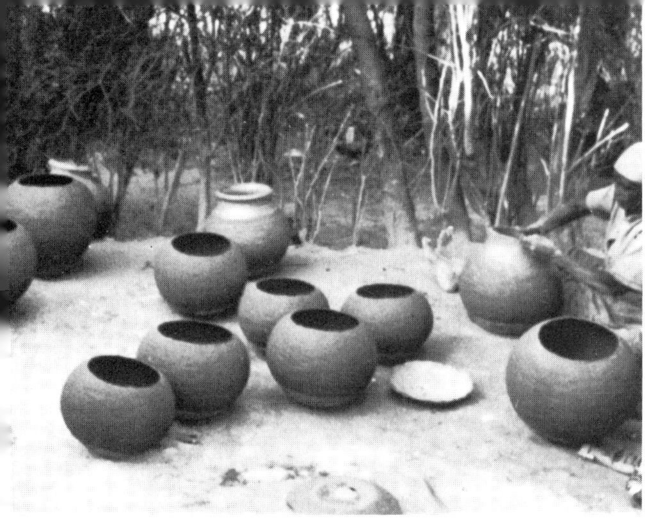
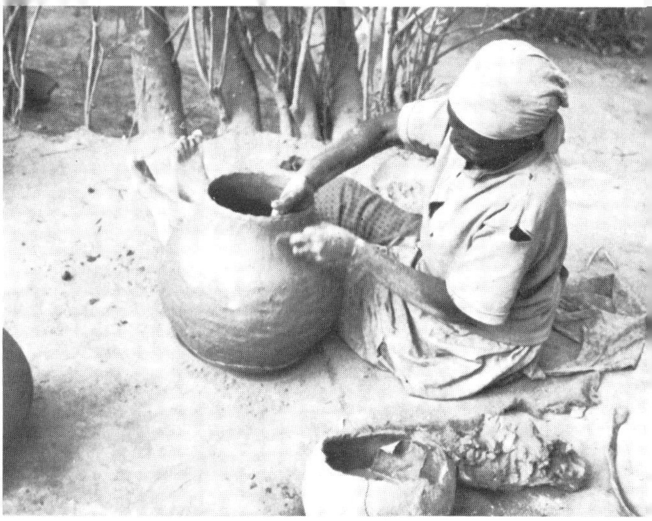
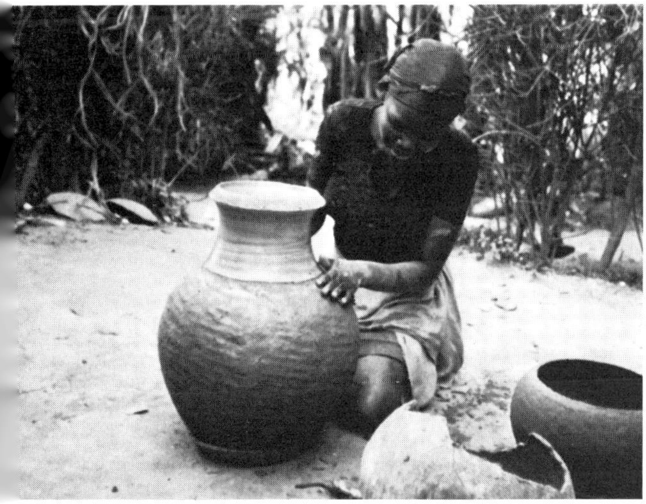
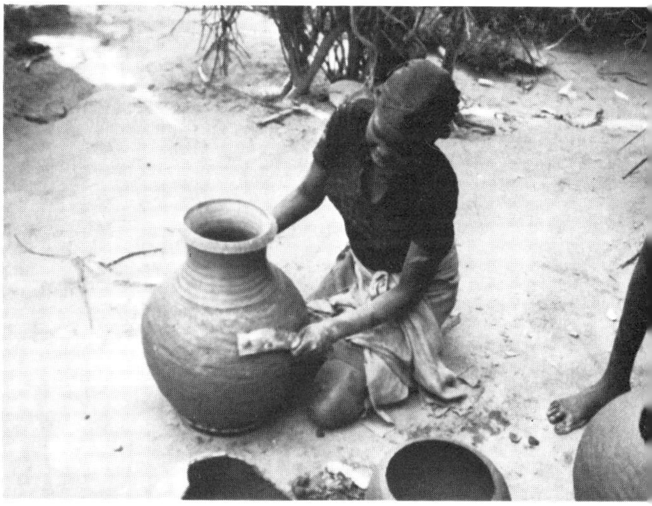
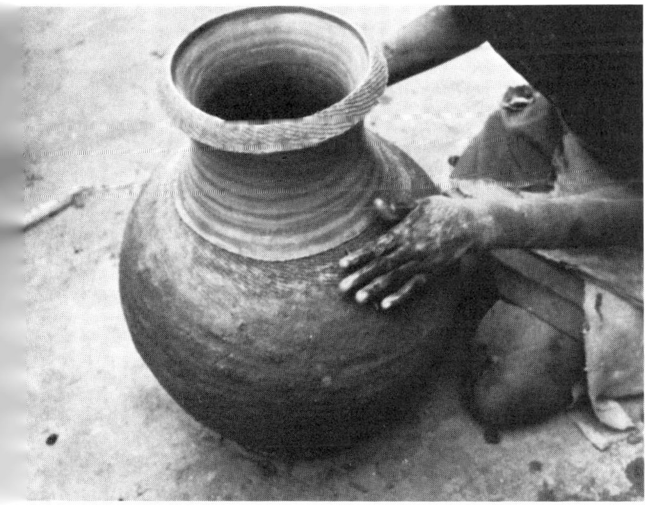
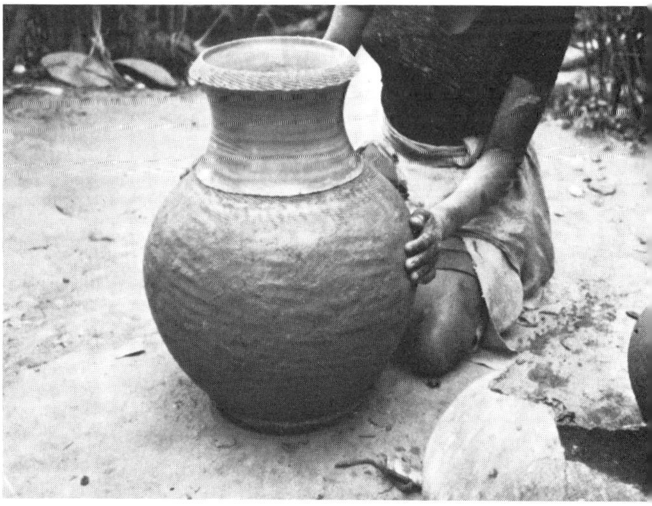

nen arbeiten mit absolut natürlicher Lockerheit; nicht selten lutscht ein Baby am Rockzipfel der Mutter, während diese auf dem Boden an der Form arbeitet.

Wenn eine Töpferin lieber im Stehen arbeitet, läßt sie den Topf auf dem Erdboden und beugt sich tief aus den Hüften darüber hinab. Häufig wird der Topf aber auch durch einen Unterbau angehoben, so daß eine aufrechte bequemere Arbeitshaltung möglich ist. Für diesen Sockel nimmt man meist den nächst greifbaren, irgendwie geeigneten Gegenstand, beispielsweise einen Mörser zum Zerstampfen von Getreide. Solche Mörser werden für gewöhnlich aus einem Stück Baumstamm geschnitzt. Um sie als drehbare Töpferscheibe einzurichten, legt man obenauf einen gewundenen Graskranz, und in die Mitte wird ein Stück Kalebasse oder Topfscherben gesetzt. Im Grunde handelt es sich hier um die gleiche Art, die von den Frauen beim Lasttragen mit dem Kopf angewendet wird, wobei der Topf ebenfalls auf einem Grasring ruht. Beim Formen des Topfes beginnt man mit dem Boden, und das Kalebassen- oder Scherbenstück dient als Stütze oder auch als Einpreßmulde. Manchmal wird auch der noch intakte Oberteil – Schulter oder Mündung – eines großen zerbrochenen Topfes als Untersatz benutzt und die Kalebasse oder Scherbe obenauf gelegt. Diese Auf-

Die Töpferin geht bei der Schlußarbeit
rund um den Topf.
Er ruht auf einer untertassenförmigen Stütze,
die von der Öffnung
eines zerbrochenen Topfes getragen wird,
bei dem Schulter, Hals und Rand noch intakt sind.
Ähnlich improvisierte, drehbare Modellierscheiben
werden häufig als Stütze
für alle Arbeitsabschnitte benutzt,
vom anfänglichen groben Wulsten
und Verschmieren der Tonwandungen
bis zum sorgfältigen Ausformen
und Dekorieren des fertigen Gefäßes.

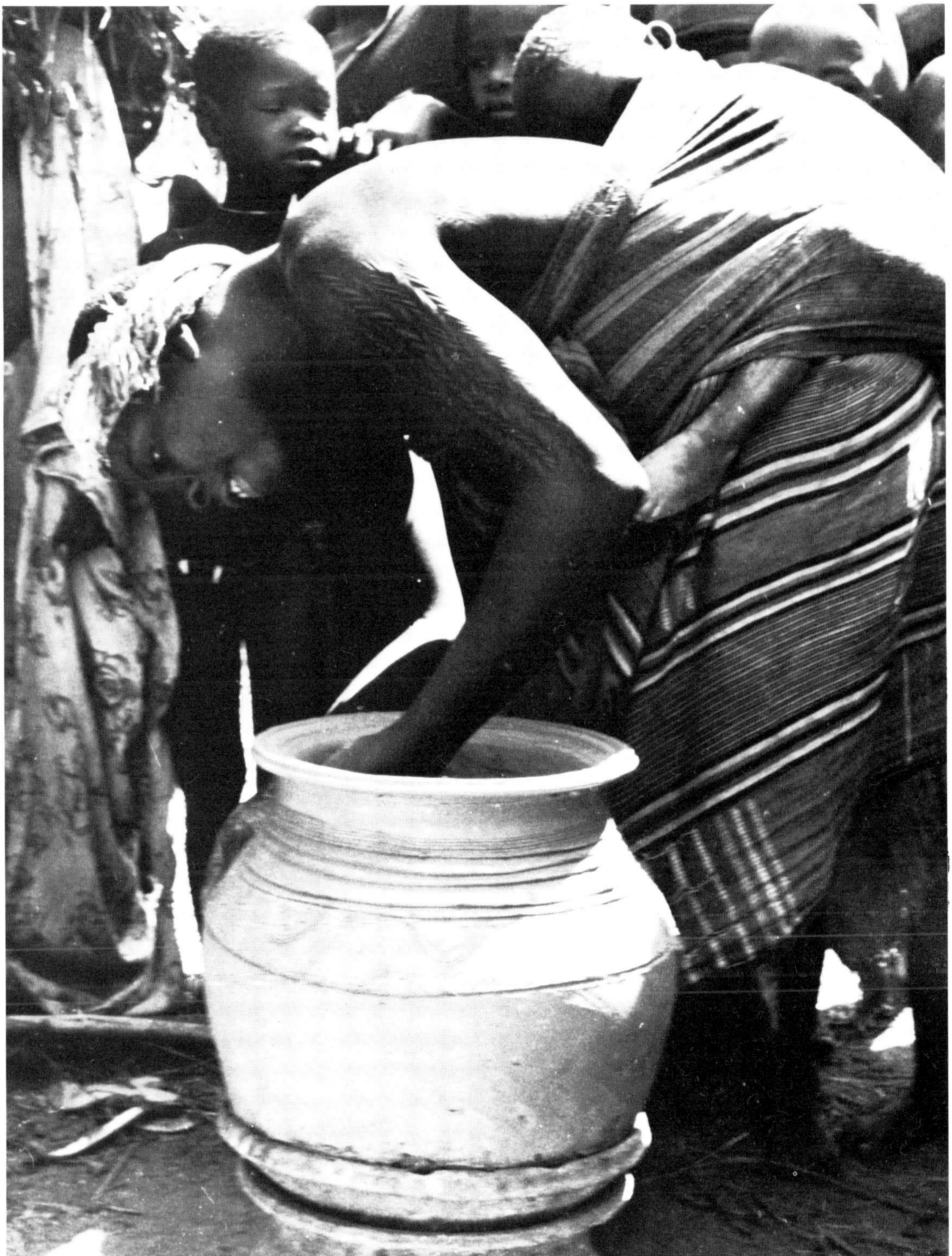

Bassa Nkwowo – Wasserkrug,
Nigeria, Höhe 35,5 cm.
Eingeschnittene geometrische Muster
kontrastieren mit polierten Flächen.

bauten funktionieren in der Art einer drehbaren Modellierscheibe und haben mit der eigentlichen Töpferdrehscheibe wenig gemeinsam. Sie geben dem Töpfer die Möglichkeit, seine Form – als halte er sie in der Hand – langsam zu drehen, damit er sie von allen Seiten betrachten kann. Große Stücke hingegen werden aufgebaut, indem der Töpfer rhythmisch um sie herumgeht.

Viele dieser Töpfe werden mit runden Böden und fast kugelförmig gebaut. Dafür gibt es, abgesehen von der Schönheit solcher Formen, genügend praktische Gründe. Eine runde Hohlform ist immer sehr kräftig und folglich für die harten Bedingungen eines offenen Feuers besonders geeignet. Auch späterhin beim Kochen über einem offenen Holzfeuer erweisen sich diese Töpfe als sehr widerstandsfähig und haltbar, einerseits aufgrund ihrer Rundform, andererseits wegen ihres niedrig gebrannten, stark schamottierten und unglasierten Scherbens. Diese großen Gefäße lassen sich außerdem leicht hantieren. Mit Wasser gefüllt, in einer Bodenmulde oder einem Polster aus Gras ruhend, lassen sich diese Töpfe vorsichtig, ohne Anheben zur Seite drehen; man kann dann mühelos soviel Flüssigkeit ausgießen, wie man gerade braucht. In den Gebieten, wo diese Töpfe hergestellt und benutzt werden, sind flache Böden oder Standringe unangebracht, da es kaum ebene Flächen zum Stellen der Gefäße gibt. Statt dessen bettet man sie in Gras- oder Stoffkissen, in eine Sandmulde oder in die Holzglut; man lehnt sie bei holprigem Boden in eine Nische, hängt sie mit Riemen und Kordeln an Wände und Decken der Hütten, oder man stapelt sie, Boden auf Rand draußen am Rand der Siedlungen, fantastische Speichersäulen aus verschieden geformten und dekorierten Töpfen.

Die wundervoll gerundeten, schwellenden und prallen Formen dieser Töpfe werden, wenn der Ton noch plastisch ist, auf verschiedene Art und Weise ausgearbeitet. Manche Töpferinnen stellen kleine Serien her und bearbeiten sie in bestimmter Reihenfolge. Sobald ein Topf teilweise fertig ist, wird er umgedreht und kann etwas härten, während der Anfang für den neuen Topf gemacht wird. Hat sich der erste Boden so gefestigt, daß er ohne abzusacken eine weitere Tonlast tragen kann, bringt man ihn wieder in die richtige Position und setzt auf die obere Kante neue Wülste.

Eine andere, offenbar sehr beliebte Methode besteht im Ein- oder Überformen des Rundbodens, wofür mancherlei Bruchstücke als Formteil verwendet werden, wie beispielsweise die runde Basis eines zerbrochenen oder ausgedienten Topfes, eine Kalebassenhälfte oder auch ein abgerundeter Stein. Diese runden Teile, die als Konkav- und Konvexformen zur Abstützung der weichen Tonmasse dienen, werden vor dem Gebrauch meist mit Holzasche oder etwas Ähnlichem eingepudert, damit der feuchte Ton sich nicht daran festsaugt. Als Ausgang für solche Töpfe nimmt man zumeist einen Tonklumpen, der geklopft und geschlagen wird, bis er sich in die Form einpaßt bzw. über die Form zu hängen kommt. Manchmal werden auch Maiskolben als Werkzeug zum Einpressen benutzt, und gelegentlich dienen Körbe als Stützform, bis der Ton ganz trocken ist.

Einige Töpferinnen gehen wiederum anders zu Werke. Zuerst formen sie den Tonklumpen durch Stampfen mit den Füßen oder Klopfen zwischen beiden Händen zu einer flachen Scheibe. Dieser Tonpfannkuchen wird dann über eine runde Stützform gelegt und weiter geklopft und geschlagen, um ihn zu dünnen, aber auch um den Ton in die richtige Form zu bringen. Die unregelmäßige Oberkante wird geradegeschnitten, und sobald das Ganze soweit trocken ist, daß es sich hält, hebt man die kleine Tonform von ihrer Stütze und baut die Wände in der gewünschten Linienführung hoch.

Der Gebrauch einer Stützform führt bei der Topfware zu einer gewissen Ähnlichkeit in Größe und Umriß. Aber der freimodellierte restliche Teil der Gefäße sorgt für Abwechslung und individuellen Ausdruck.

Die Fertigstellung der Basisform erfolgt, wie bereits erwähnt, in Aufbautechnik. Dazu rollt man Wülste zwischen den Händen oder drückt sie aus einem Klumpen Ton. Sie können so lang sein, daß sie auf dem Arm ruhen müssen oder sogar als Spirale um den Unterarm hängen. Oft werden nicht lange, sondern nur kurze, dicke Wülste verarbeitet, sogar große Walzen von fünfzehn Zentimeter Länge. Ob lang oder kurz, dick oder dünn, in jedem Fall ist es notwendig, daß die aufgesetzte Tonmasse verschmiert und nahtlos zusammengefügt wird, damit eine dichte, einheitliche Wand entsteht. Die Ränder erhalten dann ihren letzten Schliff mit einem feuchten Lappen, einem Blatt oder einem angefeuchteten Stück Leder. Beim Aufbauen der Wülste mag die Töpferin sitzen oder neben der Arbeit stehen. Lagert der Topf in fester Ruhestellung, geht die Töpferin langsam um ihn herum und setzt währenddessen die Tonwülste auf. Umgekehrt kann auch die Töpferin eine feste Position einnehmen, dann dreht sich im Verlauf der Arbeit der Topf. Dieser steht in einem Kalebassen- oder Scherbenstück auf dem Erdboden oder auch auf einem Blatt, damit er nicht an der Erde festhaftet; manchmal bleibt er in dem improvisierten »Drehteller«, so daß die Arbeit in Hüfthöhe ausgeführt werden kann.

Es gibt noch eine andere, erstaunlich weit verbreitete Herstellungsweise von Töpfen, die mir, als ich zum ersten Mal davon hörte,

Abschlußarbeiten am Rand.
Dieses Foto wurde im Dorf Kwali aufgenommen.

Die Fotos aus Zambia zeigen,
wie bei Töpfen zuerst Seitenwände und Rand
und dann zum Schluß die Böden geformt werden.
Den am Flußufer gegrabenen Ton
formt man zu zwei dicken Ringpfannkuchen,
legt die aufeinander und quetscht
und glättet sie zur Topfwand (links).
Für den Rand wird zusätzlich Ton aufgesetzt (unten).
Anschließend dekoriert man die Oberfläche
mit Stempel- und Rollmuster und stellt den Topf
auf den fertig ausgearbeiteten Rand (rechts oben).
Der Boden wird vorsichtig geschlossen
und mit einem Stück Kürbis geglättet (rechts unten).

recht widerstrebte und ziemlich sonderbar erschien; man baut dabei die Töpfe gänzlich ohne Boden! Ein in solcher Methode geformtes Stück wird aus zwei großen, dicken Tonpfannkuchen mit einem Loch in der Mitte (doughnuts) entwickelt. Diese voluminöse, geöffnete Masse ruht meist auf einem Blatt auf der Erde oder in einem Untersatz aus Scherben- bzw. Kalebassenteilen. Gefäßwand, Schulter, Hals und Rand werden vollständig ausgeformt, sogar mit Stempel und Rollmustern versehen, bevor der Boden als Abschluß ausgearbeitet wird. Es leuchtet ein, daß diese Technik, besonders bei dickwandigen, aus nassem Ton rasch geformten Töpfen, die runden Böden mit Sicherheit vor dem Einsacken schützt. Das Gewicht der Bodenwölbung wird von dem schon fester gewordenen, auf den Kopf gestellten Gefäßoberteil getragen und kann daher nicht – wie in umgekehrtem Arbeitsverlauf – vom schweren Oberbau flachgedrückt werden. Der traurige Anblick einer aus Wülsten aufgebauten, zusammengesackten Form bleibt jedem Töpfer in lebhafter Erinnerung, wenn er an seine Anfangszeiten zurückdenkt.

Wesentlich einfacher töpfern die Frauen von Ashanti in Ghana, indem sie das ganze Gefäß aus einem einzigen Tonklumpen herausformen. Sie höhlen ihn aus und drängen den Ton für die Wandung umlaufend von unten hoch. Da die Arbeit vor ihnen auf der Erde steht, müssen sich die Frauen tief herabbücken. Die Gestaltung von Menschen- und Tierabbildungen, als Form wie Dekor, bleibt in Ashanti allein den Männern überlassen. Man fürchtet, die Frauen könnten in ihrer natürlichen Mutterrolle durch Hervorbringen von Tonbildern verwirrt und dadurch unfruchtbar werden.[13]

Übrigens hat man in einem Dorfe in Kambodscha beobachten können, wie in einer ähnlichen, einfachen Methode Töpfe aus einem einzigen Klumpen Ton geformt wurden, jedoch nicht von unten nach oben wachsend, sondern in umgekehrter Richtung von oben nach unten. Mit anderen Worten, dort legt man den Tonbatzen auf einen stämmigen Pfahl, umspannt ihn mit beiden Händen und klopft und quetscht den Ton abwärts zu einer dünnwandigen Kesselform.[14]

Nach dem Formprozeß, ganz gleich, welche Technik dabei praktiziert sein mag, muß jeder Topf abgearbeitet, d. h. von innen und außen gesäubert, abgeschabt und geglättet werden. Oft verwendet man dafür verschieden abgerundete Kalebassen- oder Kürbisstücke, die in Form, Größe und Beschaffenheit viel Ähnlichkeit mit unseren Metallnieren haben. Ein solches Werkzeug muß einerseits fest genug sein, um den überschüssigen Ton wegzuschaben, andererseits aber etwas nachgeben und soviel Flexibilität besitzen, daß es sich den äußeren wie inneren Kurven anpaßt und keine flachen Stellen in die runde Oberfläche schneidet, was mit einem starren, kantigen Schneidewerkzeug leicht passieren kann.

Manchmal wird die endgültige Form durch Schlagen erzielt. Das macht den Topf gleichzeitg kräftiger, da die Tonteilchen zusammengepreßt und verdichtet werden. Auch die Oberfläche kann dabei gewinnen. Ähnlich wie beim Polieren entsteht beim

Schlagen oft ein leichter Glanz, und die Farben vertiefen sich. Die Werkzeuge, mit denen dieses Schlagen vor sich geht, sind zahlreich. Runde, ausgewaschene Kiesel und Steine, Schneckenhäuser, Paddel aus trockenem Ton, die wie Hanteln geformt sind, oder Schlaghölzer in der Art kleiner Stößel, wie sie zum Mahlen von Gewürzen in Mörsern verwendet werden. Damit die Werkzeuge beim Schlagen nicht festkleben, staubt man sie vorher mit Asche oder Tonpulver ein, oder man streut immer neuen Tonstaub auf die zu schlagende Tonoberfläche.

In manchen Fällen wird die gesamte Form durch Schlagen hergestellt, ein Prozeß, der viel Ähnlichkeit hat mit dem »Treiben« und »Aufziehen« eines Metallgefäßes. Dabei benutzt man eine Bodenmulde oder eine andere Rundform als Model, in dem die Tonform gearbeitet wird. Diese »Metalltechniken« sind eher Sache der männlichen Töpfer, wie in Adarawa Hausa in Sokoto. In Indien leisten jedoch die Frauen die eigentliche Schlagarbeit. Dort braucht man große runde Gefäße zum Wassertragen, und hierfür dreht ein Mann auf einer einfachen Scheibe eine grobe, dickwandige Blumentopfform, die dann von den Frauen übernommen wird. Sie stützen mit verschiedenförmigen Polstern die Wände innen ab und treiben durch rhythmisches Schlagen mit Paddeln den Ton zu einer runden, dünnwandigen Form. Dabei bleiben die schon im Anfangsstadium beim Drehen geformten Schulter- und Randpartien unberührt. Aber die restliche Form weitet sich beim Schlagen zu gewaltigen Ausmaßen und unglaublicher Dünnwandigkeit. Das Schlagen geschieht unter sehr flinken Umdrehungen des Topfes in der unteren Bodenform, und die Oberfläche wird durch Aufstreuen von Holzasche ständig trocken und glatt gehalten, so daß auch keine Falten entstehen können. Zum Schluß gestaltet man die Oberfläche mit gekämmten Dekors, und jedes Gebiet hat dabei sein unverkennbar eigenes aufzuweisen. Diese Gefäße werden später in umgedrehter Stellung auf dem Rand ruhend gebrannt, so daß der dicke, schwere, nach dem Drehen unveränderte Teil das Gewicht trägt.

Töpfe anderer Herstellungsweise werden häufig abschließend vor dem Brennen poliert, was eine dem Schlagen ähnliche Wirkung haben kann, denn auch hier entsteht durch das Komprimieren der Tonteilchen in den Wandungen zusätzliche Festigkeit und Kraft. Die hierfür benutzten Werkzeuge sehen die Töpferinnen oft als kostbaren persönlichen Besitz an, und manche Frauen vermachen sie ihren Töchtern. Es sind improvisierte Stücke: Ausgewaschene Kieselsteine, Muschelschalen, Holzstücke oder auf Band gezogene Samenkapseln. Es ist auch üblich, die Töpfe vor dem Polieren mit einer wäßrigen Ockermischung oder rotem, feintexturiertem Tonschlicker zu überziehen. Diese Naturfarben reibt man mit Lappen in die Oberfläche des Topfes ein und poliert sie dann mit Hilfe von Kieseln, Muscheln oder sonstigen zweckmäßig erscheinenden Dingen. Zum Schluß sehen die Töpfe aus wie gut poliertes Leder oder eine blankgeriebene Kastanie. Manchmal spiegelt sich das Licht in kleinen Facetten, die auf feine Weise die Handhabung des Werkzeuges deutlich machen.

Polieren des runden Topfbodens, Tatiko, Nigeria.

Dekoration

Die afrikanischen handgebauten Töpfe haben alle eines gemeinsam. Sie überraschen durch ihre kühn geschnittene, reich strukturierte Oberflächengestaltung. Vom praktischen Gesichtspunkt aus bieten die Furchen und Höcker willkommene Griffe beim Heben, und die häufig recht rauh und tief eingekerbten Zonen der Kugelformen geben einen idealen Zugriff ab, was besonders wichtig ist, wenn glitschige Flüssigkeiten wie beispielsweise Öl in den Töpfen aufbewahrt wird. Ästhetisch gesehen kann man sich vorstellen, daß Menschen, die unter der afrikanischen Sonne leben, die das intensive Licht von Mond und Herdfeuer kennen, die entsprechend klare Umrisse und Schatten gewohnt sind, auch stark auf die ausdrucksvoll geschnittenen und deutlich strukturierten Oberflächen ihrer Töpfe reagieren. Diese erhabenen und vertieften Dekors kleiden die Gefäße meist auf wundervolle Weise und haben viel Ähnlichkeit mit den Narbenzeichen, mit denen manche afrikanischen Stämme ihre Körper dekorieren. Sie unterstreichen die Form, laufen rundum und richten das Auge auf Kurven und Rundungen, wobei strukturierte Zonen sich gegen glatte absetzen.

Die Werkzeuge zum Dekorieren der Töpfe bestehen aus teils zugeschnittenen Teilen von einheimischen Pflanzen, zum Beispiel Schilfrohr oder Pflanzenfibern, Baumrinde, Maiskolben und Stöcken. Häufig werden auch holzgeschnitzte Rollsiegel verwendet; diese taucht man beim Einpressen in die Wandung ab und zu in Wasser, oder man benutzt sie auf dem angefeuchteten Ton mit leichterem Druck. Manche verwenden anstelle der kleinen hölzernen Roller kurze Stücke von geflochtenem Schilf oder Faserkordeln, um Wiederholungsmuster zu bekommen. Diese Kordeln sind hart gedreht, haben kleine Knoten und Vertiefungen und sehen fast aus wie schwere Morgenrocklitzen oder Makramee. Wenn sie auf der Tonoberfläche abgerollt oder eingepreßt werden, ergeben sie den Abdruck des Flechtmusters. Oft besitzt ein Töpfer eine ganze Kollektion solcher Stempel, die er als seine persönliche Erfindung ansieht.

Vorratsgefäß aus Ankwe, Zentralnigeria. Außer den klar sich abhebenden Rippen und umlaufenden Mustern liegt eine Schlange, die einen Frosch verschlingen will, rund um die Schulter des Topfes, Höhe 35,5 cm.
Unten: Ibo-Wasserkrug, Nigeria, Höhe 35,5 cm

Eine interessante Variante dieser alles umspannenden Einpreß- und Abdruckmuster finden wir im Niger Congola Valley, wo nicht nur getöpfert wird, sondern auch die Herstellung von Matten, Körben und Palmfasersäcken zu Hause ist. Zur Musterung der Töpfe legt man dort in eine Bodenvertiefung ein grobes Gewebe aus einheimischem Material und preßt den weichen Ton hinein. Innen werden die Töpfe mit schweren Steinen belastet, damit sich der Ton fest in die mit einem Mattengewebe ausgekleidete Höhlung preßt und ein klarer Abdruck entsteht. Der obere Teil solcher Töpfe wird meist mit einem Rollenstempel dekoriert. Manche Dekors entstehen nicht durch Einpressen, sondern durch Ausheben, d. h. durch Schneiden, denn in den meist grobkörnigen Tonmassen ist Schaben und Kratzen nicht angebracht, da es zu rauhen, bröckeligen Linien führt. Diese geschnittenen Dekors fallen oft durch außerordentliche Feinheit auf; das trifft besonders für die Arbeiten aus dem Dorf Kwali zu.[15] Vor dem Verkauf füllt man die Vertiefungen mit feingemahlenem Guinea-Maismehl, um zu zeigen, daß der Topf neu und unbenutzt ist; so werden bei uns Dinge in Zellophan verpackt oder Weinflaschen mit Wachs versiegelt.

Brennen

Vor dem Brennen müssen die Töpfe durch und durch trocken sein. In manchen Fällen überläßt man dieses ohne Vorheizen natürlichen Vorgängen, aber im allgemeinen hilft man dem nach, indem man über Nacht die Töpfe umgestülpt mit dem Rand nach unten in die Aschenglut eines Feuers legt. Solche Feuer werden oft extra für diesen Zweck abgebrannt. Michael Cardew beschreibt, wie ganz große Töpfe in Kwali vorgeheizt werden: Man entzündet dort zwischen drei alten Töpfen oder Steinen ein Holzfeuer, und wenn es heruntergebrannt ist, stellt man die großen Töpfe umgedreht mit dem Rand auf das Gerüst der kleineren Töpfe oder Steine direkt über die Glut.[16]

Tiv-Brauereitopf, Nigeria.
Das Muster auf der unteren Hälfte dieses schwarzen Topfes entstand beim Formprozeß. Hierbei wird der weiche Ton in eine Bodenmulde gepreßt, die mit grobem, einheimischem Netzwerk oder Matten ausgekleidet ist. Innen beschweren Steine den Topf, damit das Muster deutlich hervortritt. Höhe 40,5 cm

Rechts: Neu entstandene Töpfe in Kwali

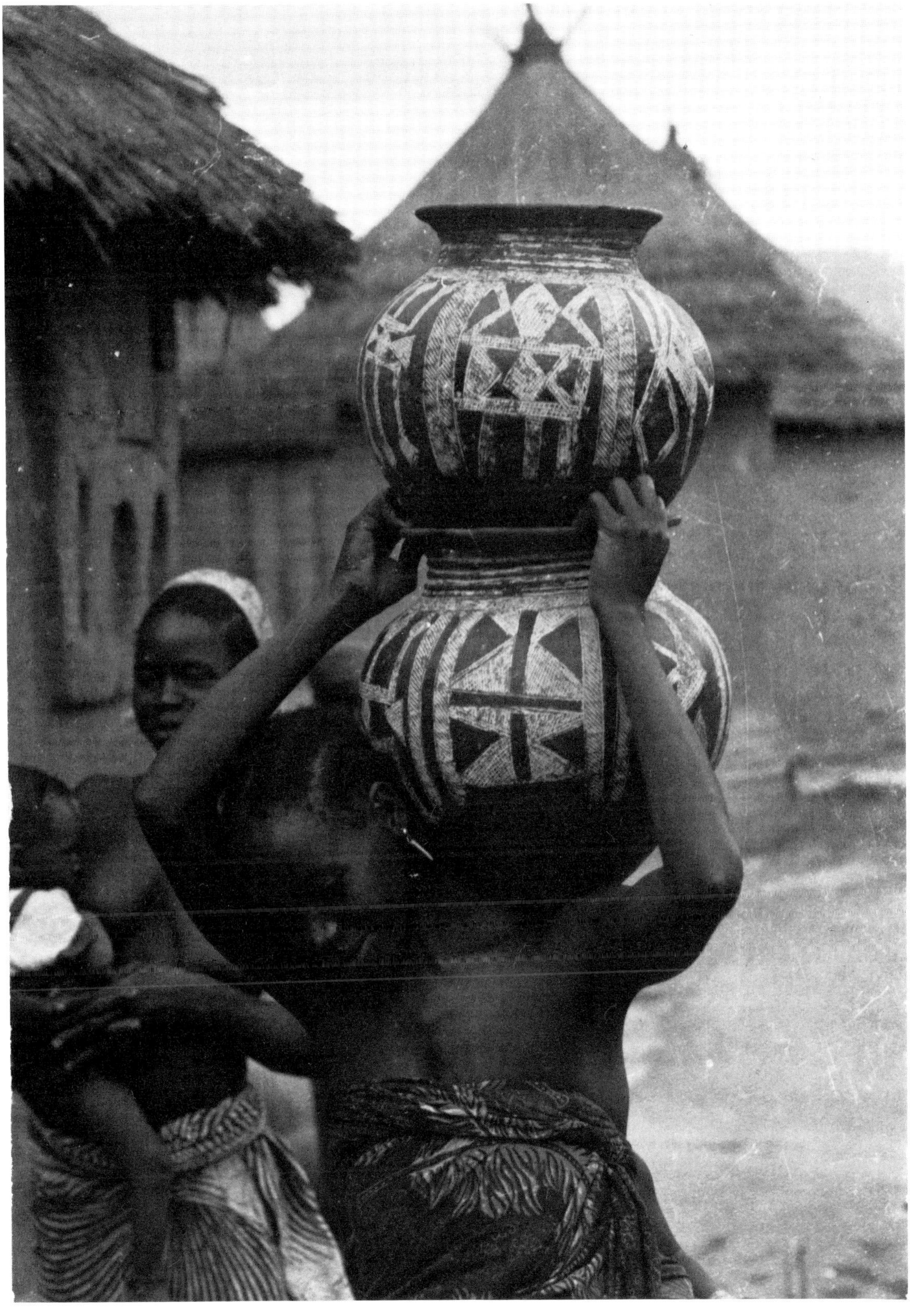

Zum Vorheizen der Töpfe wird in ihrem Innern Gras verbrannt.

Nach ein oder zwei Stunden, wenn der Topf gut durchgewärmt ist, wird er noch warm in derselben Stellung vorsichtig auf eine Art Holzfloß in die Glutschicht eines zweiten Feuers gebracht, das man zu diesem Zweck draußen vorbereitet hat. Sorgfältig mit Reisig belegt, so daß alle Teile gut bedeckt sind, brennt der Topf ungefähr anderthalb Stunden im Feuerhaufen. In Benin läßt man die Töpfe ein paar Tage in der Sonne trocknen und legt sie dann auf ein sechzig bis neunzig Zentimeter hohes, in Astgabeln ruhendes Bambusgestell. In einem feinen Sandbett wird darunter ein Feuer entzündet, und etwa eine Stunde lang gibt man den Töpfen Zeit zu schmauchen. Anschließend werden die erhitzten Töpfe in die heiße Sandmulde gestellt und weitere Bambusstöcke wie bei einem Lagerfeuer rundum gesteckt. Das Ganze brennt in etwa einer Stunde ab, wobei die Bambusstöcke als Brennmaterial dienen.[17]

In manchen Gegenden heizen die Töpfer durch Abbrennen von trockenem Gras im Innern der Töpfe diese Ware vor. Ungeachtet der verschiedenen Methoden ist es immer wichtig, daß sich der eigentliche Brand unmittelbar an den Vorbrand anschließt. Die Töpfe dürfen nicht zwischendurch feucht werden, sonst platzen und reißen sie im Hauptbrand um so schneller. Der direkte Feuerplatz mag mit Steinblöcken eingefaßt und von einem kleinen Feuer vorgewärmt werden, aber wo häufig Brände stattfinden, ist das nicht notwendig. Ab und zu legt man Topfscherben unter die erste Brennholzschicht und darüber eine aus Holzscheiten floßartig zusammengefügte Plattform für die trockenen Töpfe. Anderwärts stapelt man abwechselnd Reisig und Gras übereinander, und im Verlauf des Brandes senken sich die Topfschichten nach unten, eingebettet in die Aschekissen. Einige Topfstapel wirken wie zufällig aufgehäuft, andere sorgfältig arrangiert mit dem größten Topf in der Mitte und den kleinsten am Rand. Oder sie bilden einen spiralförmigen Kreis wie ein Katharinenrad. Dabei liegen die größten Gefäße in der Mitte, und zwar auf der Seite, so daß sich immer Boden und Mündung der Töpfe ineinanderschieben und, nach außen kleiner werdend, zu solcher Anordnung kommen. Manchmal brennt ein Töpfer oder eine Töpferin einen einzelnen Topf für sich allein, und ein anderes Mal gibt es Gemeinschaftsbrände mit Hunderten von Töpfen, wo jeder am Ort mithilft, sei es beim Aufstapeln oder beim Brennmaterialsammeln Als Brennmaterial nimmt man Maiskolben und -stengel, getrockneten Kuh-, Schaf- oder Ziegendung, Gras, Zweige und Reisig. Ein besonders enger und sinnvoller Zusammenhang zwischen dem Töpferhandwerk und der Landwirtschaft findet sich bei den Kofyar am Rande des Jos Plateau. Hier brennen die Frauen ihre Töpfe nach der Ernte auf den Mais- und Hirsefeldern in den Vertiefungen zwischen den Furchen. Auch zum Glätten des Topfinnern und zum Abarbeiten der Ränder benutzen sie Stücke von Maisstengeln. Die Frauen töpfern nur

Rechts und unten:
Sammeln und
Zurechtlegen der Töpfe
auf einem Reisigbett.

in der trockenen Jahreszeit und richten sich mit ihrem Arbeitsrhythmus nach dem Wachstum des Maisgetreides.[18]

Für alle in dieser einfachen, traditionellen Methode hergestellten Töpfe gibt es einen wichtigen gemeinsamen Faktor, und zwar die Kürze der Brenndauer mit den entsprechend niedrigen Temperaturen. Die direkte Flammeneinwirkung hält meist nur sehr kurze Zeit, etwa zwanzig Minuten, an, aber dann fängt das Feuer an zu schwelen, und diese Phase wird oft durch Zugabe von nassem Gras und Laubwerk sowie Einsprengen oder äußeren Holzschichten in die Länge gezogen. Es mag auch noch Heizmaterial nachgefüttert werden, um das Feuer in Gang zu halten, aber ca. zwei Stunden darf ein Brand höchstens und eine halbe Stunde mindestens dauern. Dabei liegen die Brenntemperaturen im allgemeinen zwischen 600° C und 700° C, was im Hinblick auf den Gebrauch der gebrannten Ware eine geradezu ideale Brenntemperatur darstellt. Aus solchem Feuer gehen Töpfe mit großer Widerstandsfähigkeit gegenüber Temperaturschocks hervor, Eigenschaften, die beim Kochen über der offenen Herdflamme unerläßlich sind. Die beträchtliche Porosität des niedriggebrannten, unglasierten Scherbens hat in warmen Ländern, wo solche Gefäße als Wasserbehälter dienen, außerdem die wichtige Funktion des Kühlens, die durch die Verdunstung auf der Oberfläche zustande kommt.

Nach dem Brennen läßt man die Töpfe entweder in dem Feuerhaufen ganz auskühlen, oder man holt sie mit langen Stangen rotglühend hervor, um die Oberfläche weiterzubehandeln und zu versiegeln. Das geschieht wiederum auf verschiedenste Art und Weise. Manchmal wird der rotglühende Topf in nasse Blätter versenkt, die dann zu schwelen beginnen. Der Kohlenstoff dringt direkt in die Wände ein und macht sie absolut dicht. Andere Töpfer verfahren mit dem Abdichten folgendermaßen: Ein aus Bohnenschoten, Baumrinden, einheimischen Kräutern und Wurzeln hergestellter Sud wird über die Töpfe gegossen, oder sie werden hineingetaucht, damit übersprengt und innen ausgegossen. Auf diese Weise werden die Töpfe nicht nur versiegelt, sondern auch stabiler und satter in der Farbe, was oft einen glasurartigen Eindruck gibt.

Wie tröstlich ist es, daß diese fundamentalen Methoden des Töpferns immer noch lebendig sind und unverändert als handwerkliche Tradition an vielen Orten des afrikanischen Kontinents gedeihen. Das Aufkommen von Plastik- und Metallbehältern hat die Situation bis jetzt nicht beträchtlich ändern können, da die einheimische Töpferware so viele Vorteile zu bieten weiß. Sie ist sehr preiswert und entspricht vollkommen der Lebensweise derer, die sie benutzen wie herstellen. Sie wird in den meisten Fällen allen anderen Dingen vorgezogen, und es gibt glücklicherweise bis jetzt keine Anzeichen, daß diese Töpfe beiseite gedrängt und somit aussterben könnten.

Ibo-Zeremonienkessel
für Palmwein.
Nigeria.
Höhe 15 cm.

Ibo-Palmweinkessel,
dunkelbraun,
mit Fischmund-Tülle.
Höhe 13 cm.

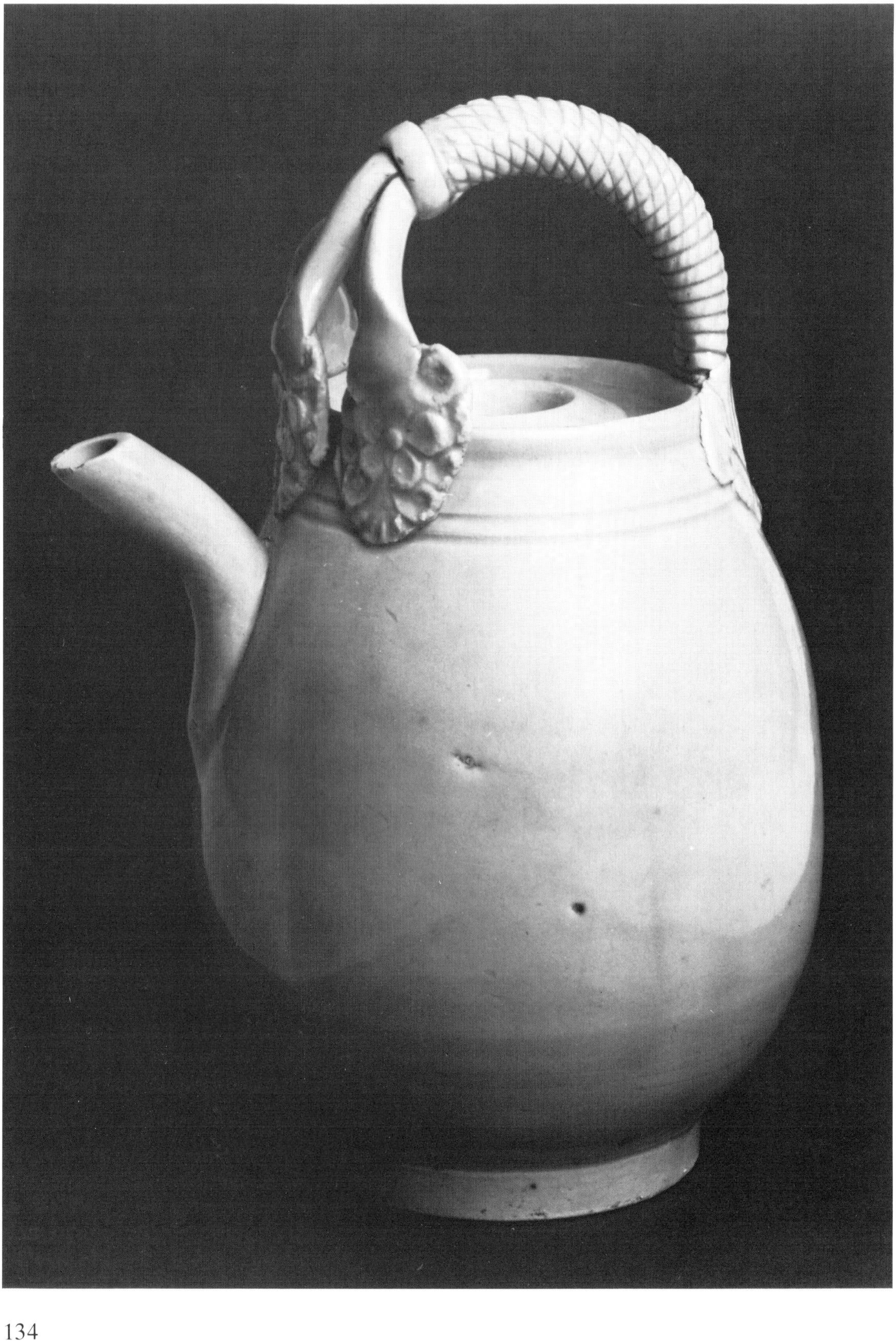

5 PORZELLAN

»Was Porzellan betrifft, so wird dies nicht aus Gips oder feingemahlenen Eierschalen hergestellt, sondern aus einer bestimmten Erde.« Annon[19]

Diese 1683 getroffene Feststellung läßt vermuten, daß abenteuerliche Spekulationen über das Wesen des Porzellans vorausgegangen sein müssen.

Durchscheinendes Porzellan wurde zum ersten Mal von den Chinesen während der T'ang-Zeit (618–906 n. Chr.) hergestellt, und schon bald danach hatte man – auch außerhalb Chinas – eine klare Vorstellung von den besonderen Qualitäten dieser höchst begehrten Ware. Im Jahre 815 berichtete ein reisender Kaufmann aus dem Islam, mit Namen Suleiman, folgendes: »Die Chinesen besitzen einen feinen Ton, aus dem sie Trinkgefäße herstellen, so zart wie aus Glas. Man kann die eingeschenkte Flüssigkeit durch den Scherben schimmern sehen, und doch ist er aus Ton gemacht.«

Es war in erster Linie also die Transparenz des Porzellans, die den Beobachter vor elfhundert Jahren faszinierte, und ebendiese Eigenschaft versetzt auch heute noch den wahren Porzellanliebhaber in stetiges Entzücken. Wie das Licht durch die Tonwände dringt, sie erhellt und von innen leuchten läßt, ist wirklich etwas Wundervolles. Selbst ein dickwandiges Stück gibt an den dünneren Kanten einen Lichtschimmer frei, und die Substanz zeigt wie bei poliertem Alabaster Tiefe an. Porzellan unterscheidet sich dem Wesen nach deutlich von der dichten Undurchdringlichkeit des Steinzeugs oder der warmen Erdhaftigkeit von Irdenware. Aber auch im Vergleich mit Glas besitzt Porzellan seine eigenen Charakterzüge.

Chinesische Porzellan-Wasserkanne,
Ting-Ware, Sung-Zeit,
Höhe 15 cm

Glas ist lichtdurchlässig wie ungetrübtes Wasser oder wie ein Diamant, in harter, glitzernder Klarheit. Porzellan hingegen filtert durchscheinendes Licht zu milchiger sanfter Helligkeit und mag dabei an Halbedelsteine wie Jade oder dünnen Marmor erinnern.

Es scheint naheliegend, daß Töpfer auf der Suche nach dem Geheimnis der Porzellanherstellung daran dachten, ihren Tonmassen Glas beizumischen, um jene Eigenschaft zu erzielen, die vor allem anderen das chinesische Porzellan so berühmt gemacht hatte: die Transparenz. Tatsächlich scheint bereits im fünfzehnten Jahrhundert in einem venetianischen Glaswerk der Versuch unternommen worden zu sein, durch Mischen von Glas und Ton durchscheinendes Porzellan anzufertigen. Aber erst im sechzehnten Jahrhundert gelang in Florenz zum ersten Mal das Experiment, aus einer Mischung von Ton mit pulverisiertem Glas oder glasigem Schmelz (Fritte) eine Art Porzellan hervorzubringen. Da diese Arbeit unter dem Mäzenat der Medicis stattfand, trägt die Ware den Namen »Medici-Porzellan«. Laut Vasari gehen die ersten erfolgreichen Versuche auf den Maler und Bildhauer Buontalenti zurück. Aber man hat offenbar nur sehr wenige Stücke von diesem »Medici-Porzellan« angefertigt.

Nach den Italienern waren es die Franzosen, die 1673 in Rouen und anschließend in St. Cloud gewisse Erfolge in der Porzellanherstellung zu verzeichnen hatten, indem auch sie glasartige Fritten in ihre Tonmassen einführten. Dieses Porzellan, in Frankreich bekannt als »pâte tendre« und in England »soft-paste«, »glassy« oder »frit porcelain« genannt (deutsche Entsprechung, Weich- oder Frittenporzellan, Anm. d. Übers.), unterschied sich in seinen charakteristischen Merkmalen jedoch wesentlich von dem »echten« Hart-Porzellan der Chinesen, dem alle Versuche letztlich galten. Trotzdem besaß jene Ware ihre eigene große Schönheit. Die Bezeichnung »soft« (weich) oder »trendre« (zart) bringt andeutungsweise etwas vom Wesen des Materials zum Ausdruck, das diese Qualitäten natürlich in erster Linie dem niedrigen Schmelzpunkt der Masse zu verdanken hatte. Die Schrüh- bzw. Biskuitbrände fanden bei 1100° C und die Glasurbrände bei noch niedrigeren Temperaturen statt. Hingegen muß Hartporzellan sehr hoch gebrannt werden, damit die erforderliche Verglasung der Masse mit dem Schmelzen der Glasur zusammenfällt. Das geschieht von 1280° C aufwärts und erreicht seinen Gipfel bei Industrieporzellan mit 1450° C. Die Fritten oder Glasschmelzen für das glasige Frittenporzellan wurden mit peinlicher Sorgfalt hergestellt. Aus den in Sèvres geführten Aufzeichnungen geht hervor, daß die dortigen Fritten – eine Zusammensetzung von Sand, Salpeter, Meersalz, Soda und Alabaster – mit dem Ton in einem Mischungsverhältnis von zwei Dritteln Gewichtsanteilen Fritte und einem Drittel Ton drei Wochen lang gemahlen wurden. Der hierfür verwendete Ton war mergel- und kalkhaltig und die ganze Mischung nur wenig plastisch. Die Brenntemperaturen lagen bei 1100° C.[20]

In England produzierten erstmalig um 1744 Chelsea und Bow Weich- bzw. Frittenporzellan, und zwar aus Pfeiffenton, Alum Bay-Sand und Glas, was bald von Derby und Longton Hall in Staffordshire übernommen wurde.

Das weichpastige Frittenporzellan ist ein wundervolles Material, das während der ersten Hälfte des achtzehnten Jahrhunderts in England wie in Frankreich mit Unmittelbarkeit und Charme gehandhabt wurde. Dabei kam die milde Sinnlichkeit des weißglasierten Körpers voll zur Geltung, oft noch unterstrichen durch eine Bemalung mit zartschmelzenden, dämmrigen Farben in leichter, verhaltener Pinselführung. Diese Stücke sind in der Tat weich, sanft und liebenswert. Aber bei allen Vorzügen und großer Popularität ließ sich nicht verleugnen, daß dieses Weichporzellan nur eine kurze Lebensdauer und zahlreiche, praktische Nachteile besaß. Die Massen ließen sich nur schwer behandeln, sackten ab, verzogen sich während des Brandes und manchmal zerschmolzen sie sogar, so daß man immer mit hohen Brennverlusten rechnen mußte. Die niedrig gebrannte Glasur bekam leicht Kratzer, und die gebrauchsfertigen Gefäße platzten häufig, wenn heiße Flüssigkeit hineingegeben wurde, was sich mit Aufkommen der neuen Sitte des Kaffee- und Teetrinkens als besonders unvorteilhaft erwies. Man sah sich gezwungen, von neuem nach einem festeren, haltbareren Porzellan zu forschen.

In England hatte 1770 Knochenasche-Porzellan das glasige Porzellan ersetzt, wohingegen die Franzosen in St. Yrieix bei Limoges china clay und china stone (Kaolin und Petunze) entdeckten – die Hauptbestandteile des chinesischen Porzellans. So konnte Sèvres mit der Produktion von Hartporzellan beginnen. Diese Hartpasten zeigten sich handsamer, plastischer und für den damaligen pomphaften Stil durchaus geeignet. Sie ließen sich zu Stücken verarbeiten, die dem höfischen und – nach der französischen Revolution von 1789 – dem imperialistisch napoleonischen Geschmack entsprachen. Dennoch entstanden in der zweiten Hälfte des achtzehnten Jahrhunderts in England wie in Frankreich weiterhin charmante, heitere und beschwingte Porzellanarbeiten, in denen das Zarte und Besondere des Materials auf zurückhaltende und feinnervige Weise zum Ausdruck gebracht wurde. Im übrigen können wir jene Eigenschaft des »Zuckrigen« bei den übermäßig ausgearbeiteten Dekorationen der Porzellanstücke, die für den Mittelpunkt der Tafelaufbauten gedacht waren, sogleich viel besser verstehen, wenn wir bedenken, daß diese ursprünglich nicht aus Porzellan, sondern aus echtem Zucker und Zuckerguß angefertigt wurden!

Ein weiterer Faktor mag zu der steigenden Tendenz immer reicherer, immer ausgeklügelterer Dekors der meisten Porzellane in der zweiten Jahrhunderthälfte beigetragen haben: Der Töpfer, der eigentliche Schöpfer der Tonform, führte die Dekoration derselben nur noch selten persönlich aus. Die undekorierten Gefäße transportierte man oft weit weg von ihrem Heimatort zu berufsmäßigen Malern. Sie werteten – bei ihrer in vielen Fällen erlesenen, bis ins letzte ausgearbeiteten Malerei im Stil der Miniaturisten – den Topf lediglich als Bilduntergrund und dachten wohl kaum über das Wesen desselben, über sein Hervorgehen aus einer plastischen Tonmasse nach. So kam es notwendigerweise zu einem Bruch in der Kontinuität dieser Arbeiten. Der Zeitgeschmack des ausgehenden Jahrhunderts verlangte eine mehr und mehr dichte, die Form verdeckende, schwere Dekoration, die das Stück üppig und auffallend gestalten sollte. Andererseits schienen die Keramikkünstler, nachdem sie die technischen Schwierigkeiten der Porzellanherstellung gemeistert hatten, nunmehr von Neugierde getrieben, jede Möglichkeit des Dekorativen bis zum Exzeß erforschen zu wollen. Selbstverständlich taten sie das auch ihren reichen Kunden zuliebe, die mit möglichst extravaganten Stücken ihrer Porzellansammlung ihre Nachbarn beeindrucken und übertrumpfen mußten. Besonders in Frankreich, wo die Porzellanmanufaktur unter königlichem Patronat stand, gab es noch weitere Gründe für die übermäßig dekorierten Porzellane. Man sah darin seltene und kostbare Einzelstücke, an die viel Zeit und Mühe verwendet wurde, so daß man auch hohe Preise verlangen konnte. Solche Porzellanarbeiten waren wichtig für den Gebrauch und die Verschönerung in den reichgeschmückten Palästen, und sie gehörten zur gleichen Kategorie wie Silber- oder Edelsteinarbeiten. Tatsächlich umgab man das Porzellan oftmals mit Gold- und Silbereinfassungen, und die Silberschmiede sattelten auf Porzellan um, da silberne Tafelteller von dem feinen Porzellan verdrängt wurden. Manchmal kopierte man Silberarbeiten direkt in Porzellan und erzielte dafür dieselben Preise.

Ende des Jahrhunderts fand man überall in Frankreich hartpastiges Porzellan anstelle des vorherigen pâte tendre, aber in England führten die Manufakteure weiterhin zur Festigkeit des Scherbens Knochenasche in ihre Massen ein. Es gibt zwar in Deutschland ein Porzellanrezept aus dem Jahre 1649, in dem Austernschalen und verbrannte Knochen als Zutaten auftauchen, aber was hundert Jahre später die Töpfer in England dazu bewogen haben mag, große Mengen Knochenasche in ihre Tonmassen einzuführen und ernsthaft damit zu experimentieren, bleibt bloßer Spekulation überlassen.[21]

Die Anregung kann sogar aus der natürlichen Beobachtung kommen, daß Knochen einem weichen Körper Festigkeit verleihen. Solche Gedankengänge sind nicht selten; manchmal kommt man der Lösung eines Problems näher, wenn man die rein visuellen und intuitiven Aspekte besonders berücksichtigt. Sicherlich haben die Töpfer auf der Suche nach dem Geheimnis des Porzellans mit seinem harten, durchscheinenden Scherben und einer problemlosen Herstellung manch abenteuerlichen Einfall ausgeführt, mit wechselndem Erfolg. Man erinnere sich der »feingemahlenen Eierschalen« aus dem Zitat zu Anfang dieses Kapitels. Vielleicht hat auch die Ähnlichkeit zwischen einem ausgeblichenen, zarten, glattpolierten Knochenstück und dem transparenten weißen Porzellan irgendwann einen Töpfer oder Alchimisten veranlaßt, sich darüber Gedanken zu machen und diese Beobachtung in sein Trachten und Sinnen nach der »geheimnisvollen Zutat« für das vielbewunderte Porzellan einzubauen.

Wie es auch immer dabei zugegangen sein mag, in der Mitte des achtzehnten Jahrhunderts entdeckte man in England, daß Weichporzellanmassen, in die bis zu 40 Prozent kalzinierte, zerkleinerte und zu Puder vermahlene Knochen eingeführt wurden, ein sehr dauerhaftes und wundervoll transparentes Porzellan ergaben. Diese Massen stellten sich als wesentlich widerstandsfähiger heraus als die vorangegangenen glasigen Frittenporzellanpasten. Man konnte sehr dünnwandige Gefäße daraus formen, die sich nicht in der Art der Frittenporzellane verzogen.

Weichpastiges Knochenasche-Porzellan wurde zuerst um 1747 in Bow hergestellt und unmittelbar danach von anderen Manufakturen wie Chelsea, Lowestoft, Derby und Liverpool übernommen. Josiah Spode der Zweite kombinierte Knochenasche mit den Zutaten für Hartporzellan und erhielt eine bestimmte Variante des Knochenporzellans, bekannt als »bone china«, das heute noch benutzt wird. Eine Knochenasche-Masse wird oft auch als Phosphatmasse bezeichnet, da Phosphorsäure ein Bestandteil der Knochenasche ist.

Parallel zu den in England durchgeführten Versuchen mit Knochenasche liefen zur gleichen Zeit Experimente mit dem natürlichen Vorkommnis von Seifen- bzw. Speckstein. Vom Aussehen her mag Speckstein den Eindruck erwecken, daß es mit Ton vermischt zu einem harten, transparenten Porzellan führen könnte. Der Name Seifen- oder Speckstein gibt uns bereits eine Vorstellung davon, wie dieses Material beschaffen sein muß, wie es aussieht und sich anfaßt. Es ist ein glattes, hellgetöntes, seifiges oder fettig beschaffenes Gestein, in der Hauptsache aus Talk zusammengesetzt. Pulverisiert ist es als Talkum oder Schneiderkreide bekannt. Es wurde in Cornwall entdeckt und als Bestandteil von Porzellanmassen zuerst in der Lund-Manufaktur in Bristol ausprobiert, was zu befriedigenden Ergebnissen hinsichtlich Härte und sonstigen Qualitäten führte. Das Speckstein-Porzellan ließ sich dünn und präzise drehen und zeigte sich gegenüber heißer Flüssigkeit unempfindlich, ohne zu platzen. Die Bristol-Manufaktur begann 1750 mit der Herstellung von Speckstein-Porzellan und führte sie auch weiter fort, als die Fabrik 1751 nach Worcester umzog. Erst gegen 1800 stellte man sich auch dort auf das neue hartpastige Knochenporzellan um. Der Anteil an Speckstein in den Porzellanmassen betrug in Worcester 35–50 Prozent. Auch in Liverpool und Caughley scheint man mit Speckstein experimentiert zu haben und ebenso in Derby, und zwar nach einem Rezept, das ein ehemaliger Arbeiter aus Liverpool bei seinem Wechsel zu Duesbury nach Derby mitbrachte. Das Speckstein-Porzellan wurde offenbar aber nicht in die Produktion von Derby aufgenommen, die um 1770 die Chelsea-Fabriken und deren Rezepte für weichpastiges Knochenasche-Porzellan aufkauften und mit Stücken in dem neu aufgekommenen neoklassizistischen Stil weiterführten.

Während des achtzehnten Jahrhunderts investierte man in die Manufaktur von Porzellan sehr viel Geld und Prestige. Jede neuentdeckte Herstellungsmethode, jedes erstmalig verwendete Material behandelte man als wohlgehütetes Geheimnis. Trotzdem erhielten Konkurrenzfirmen sehr schnell davon Kenntnis. Arbeiter wechselten ihren Dienstherrn oft nur, um dessen Geheimnis an den nächsten zu verkaufen; manchmal wurden sie von rivalisierenden Manufakteuren ihren alten Firmen abspenstig gemacht, manchmal gingen sie freiwillig, in der Hoffnung auf finanzielle Vorteile. Dieses Netz von »Betriebsspionage« breitete sich nicht nur über England aus, sondern über ganz Europa; auch kamen ausländische Töpfer nach England und brachten ihre eigenen Kenntnisse mit. Davon abgesehen kopierten die einzelnen Manufakturen untereinander hemmungslos ihre Arbeiten, sowohl die Formen wie ihre Dekors, und um den Markt zu erobern, war ihnen jedes Mittel recht. Selbstverständlich kopierte man auch das chinesische und japanische Porzellan, das in enormen Mengen mit Schiffen herangebracht ganz Europa überschwemmte.

Den wachsenden Verkauf von chinesischem Porzellan verdeutlichen am anschaulichsten folgende Ziffern: 1701 wurden hunderttausend Stück von Ching-tê-Chên eingeführt, während 1717, sechzehn Jahre später, zwei britische Handelsschiffe extra ausliefen, um dreihundertfünfzigtausend Stück aufzukaufen. Diese Ware muß vortrefflichen Absatz gefunden haben, denn bereits 1721 waren es vier britische Schiffe, die achthundertvierzigtausend Stück heranholten. Dies ist um so erstaunlicher, wenn man die geringere Bevölkerungszahl der damaligen Zeit in Betracht zieht und den sehr kleinen Prozentsatz derer, die sich solch teuren Luxus leisten konnten. Auch liefert es uns eine Vorstellung davon, wie ungeheuer begehrt Porzellan war und wie groß der entsprechende auf Töpfer und Chemiker ausgeübte Druck gewesen sein muß. Man erwartete von ihnen ein gleichwertiges Material und – wenn möglich – die Entdeckung des chinesischen Geheimrezeptes, damit die eigenen Produktionen den Absatz des fernöstlichen Porzellans zurückdrängen könnten. Nicht allein Britannien war Großabnehmer für chinesisches Porzellan, sondern es gab zu dieser Zeit dreizehn Handelsplätze, holländische, französische, dänische, schwedische und amerikanische. Sicherlich war es ein gewagtes Unternehmen, solch zerbrechliche, kostbare Fracht Segelschiffen anzuvertrauen. Aber offenbar verpackte man für die Reise die Stücke in Sago.[22]

Zur Verbreitung von Informationen über die chinesische Porzellanherstellung hat im achtzehnten Jahrhundert Père d'Entrecolles ganz wesentlich beigetragen. Er war Jesuitenpater und lebte und arbeitete dreiundvierzig Jahre lang in China. In seinen Briefen nach Frankreich, seinem Heimatland, ist er sorgfältig bemüht, jede kleinste, die Porzellanherstellung betreffende Beobachtung mitzuteilen. Unter den zu Christen bekehrten Chinesen seiner Gemeinde gab es Töpfer, und das gewährte ihm offenbar freien Zutritt zu allen Teilen der großen Porzellanstadt Ching-tê-Chên. Er beschreibt sie als eine »bei Nacht brennende Stadt, so zahlreich waren die feuerspuckenden Brennöfen«. Es gab in der Tat dort dreitausend holzgefeuerte Brennöfen, und wenn alle in Tätigkeit waren, muß es ein furchterregender Anblick gewesen sein. Père d'Entrecolles' Briefe aus den Jahren 1712 und 1722 wurden kurz darauf ungekürzt veröffentlicht. Sie erschienen außerdem 1735 in du Haldes Buch »Descriptions de l'Empire de la Chine« in Paris. Zwischen 1738 und 1741 erlebte dieses Buch drei englische Auflagen, und die sorgfältig in Einzelheiten gehenden Briefe des Jesuiten bieten für jeden an Porzellan und seiner Herstellung ernsthaft Interessierten eine unschätzbare Quelle der Information.

William Cookworthy (1705–1780), Quäker und Apotheker in Plymouth, kannte die Briefe von Père d'Entrecolles. Er unternahm zwanzig Jahre lang zahllose Reisen durch Cornwall, fortwährend auf der Suche nach ähnlichen Materialien, wie sie der Jesuit als notwendig für die Herstellung von chinesischem Porzellan beschrieben hatte.

Auch experimentierte er mit den verschiedenen, von ihm entdeckten Rohstoffen unermüdlich. In Thomas Pitt, einem benachbarten Gutsbesitzer, dem späteren Lord Camelfort, fand er Hilfe und finanzielle Unterstützung für seine Abenteuer, und auf dessen Grund und Boden fand Cookworthy dann auch zum ersten Mal Kaolin (china clay) und später das erforderliche feldspatige Gestein, den cornischen »Growan Stone« (Cornish Stone oder china stone), das Äquivalent zu dem chinesischen »Petunze«. Mit der Entdeckung dieser beiden Materialien im eigenen Land stand der Herstellung des echten Hartporzellans in England nichts mehr entgegen. Cookworthy ließ sich diese Masse für Hartporzellan 1768 patentieren und gründete mit der finanziellen Unterstützung Lord Camelforts in Plymouth eine Fabrik, mit der er zwei Jahre später nach Bristol übersiedelte. So stellt das Jahr 1768 den historischen Zeitpunkt dar, an dem Material für echtes Porzellan in England wie in Frankreich – in Cornwall und St. Yrieix – entdeckt wurde. Aber während in Frankreich die neuen Errungenschaften übernommen wurden und man mit der Produktion von Hartporzellan begann, bevorzugten die Engländer im allgemeinen weiterhin die Porzellanvariante mit dem Knochenascheversatz.

Die im achtzehnten Jahrhundert in England und Frankreich aufblühenden Porzellanmanufakturen orientierten sich stilistisch nicht nur an chinesischen Vorbildern, sondern auch an dem deutschen Hartporzellan aus Meißen, das dort seit 1710 hergestellt wurde. Selbstverständlich spielten bei der Geschmacksbildung auch die Importe aus Japan eine wesentliche Rolle. Dort war man seit 1616 mit der Porzellanherstellung vertraut, nachdem ein koreanischer Gefangener, Ri Sampei, die notwendigen Ingredienzien in Japan entdeckt hatte. Der Fundort lag in der Nähe von Arita, das schnell zu einem Zentrum der Porzellanfabriken wurde und seine Ware in ungeheuren Mengen über den nahe gelegenen Hafen von Imari nach Europa exportierte.

Wie es den Deutschen gelang, als erste in Europa – ungefähr fünfzig Jahre früher als die übrigen – das große Geheimnis der Porzellanherstellung zu enträtseln, ist eine faszinierende Geschichte. Mit Sicherheit wurde die Erforschung dieser kostspieligen und hochgeschätzten Annehmlichkeit durch die Sammlerleidenschaft von August dem Starken (1670–1733), König von Polen und Kurfürst von Sachsen, heftig angestachelt. Um die Staatskasse zu entlasten, setzte der Physiker und Mathematiker Ehrenfried Walter Graf von Tschirnhausen, gleichzeitig Finanzberater von August dem Starken, alles daran, die Geheimnisse der Porzellanherstellung zu ergründen und die Importe mit gleichwertiger Ware aus einheimischen Materialien zu stoppen. Nebenher galten Tschirnhausens Experimente auch der Gewinnung von Edel- und Halbedelsteinen, die er durch Verschmelzen von örtlichen Gesteinen, Mineralien und Erden bei hohen Temperaturen zu gewinnen trachtete. Zur gleichen Zeit versuchte ein junger Alchimist, Johann Friedrich Böttger, in der Nähe von Meißen, unedle Metalle in Gold zu verwandeln, und nachdem ihm das im Laufe von drei Jahren nicht gelungen war, steckte man ihn ins Gefängnis. Von dort wurde er zwecks Zusammenarbeit mit Tschirnhausen entlassen, und im Jahre 1708 gelang es in gemeinsamen Experimenten tatsächlich, aus Bodenerträgen der Gegend um Meißen echtes Hartporzellan anzufertigen. Zwei Jahre später, 1710, gründete August der Starke in Meißen eine Porzellanmanufaktur, der ungeheurer Erfolg beschieden war.

Es ist interessant zu beobachten, daß durch Protektion – mag sie der Staat, die Kirche oder ein leidenschaftlicher Privatsammler ausüben – immer ein bestimmter Einfluß auf den jeweiligen Stil der Künstler und Kunsthandwerker ausgeübt wird. Wenn die Privatsammler auch noch tonangebend in Geschmacksfragen sind, wie es bei den regierenden Hofleuten oft der Fall war, können ihre persönlichen Vorlieben geradezu stilbildend wirken. Dieserart müssen wir uns die Position Augusts von Sachsen vorstellen, wie auch später die von Ludwig XV. und seiner Mätresse Madame de Pompadour, deren Schirmherrschaft die Porzellanmanufakturen von Sèvres unterstanden. Madame de Pompadour förderte durch ihr eigenes luxuriöses Leben und ihre idyllischen Tagträume einen Porzellanstil, der heute noch gelegentlich spürbar ist.

August von Sachsen, unter dessen Druck zu diesem frühen Zeitpunkt zum erstenmal in Deutschland die Erforschung und Entdeckung des Porzellangeheimnisses erfolgreich verlief, prägte mit seinem Geschmack die gesamte Hartporzellanindustrie in Meißen (in England oft als »Dresden« bezeichnet) wie auch die Arbeiten der vielen, plötzlich aufsprießenden Porzellanmanufakturen, die in erster Linie die begehrten Meißener Stücke kopierten. August der Starke sammelte Porzellan mit – wie er selbst es genannt hat – krankhafter Gier, aber er war auch besessen vom Sammeln seltener Tiere und Vögel für seinen Zoo und das Vogelhaus. Diese beiden Leidenschaften vereinte er in dem »Japanischen Palast«, den er eigens erwarb, um seine bestehende Sammlung von chinesischem und japanischem Porzellan sowie Stücke aus seiner neugegründeten Meißener Fabrik dort aufzustellen. Diese wurden von ihm in seiner eigenen Manufaktur bestellt, und es handelte sich um Porzellanfiguren von Löwen, Leoparden, Elefanten, Bären, Affen, Adlern, Störchen, Papageien und Kakadus, oftmals von Künstlern wie Kirchner und Kändler in Lebensgröße, besser gesagt in einer Größe, wie August von Sachsen sie sich erträumte, gestaltet.

Diese Leidenschaft für die wilde Tierwelt in Verbindung mit einer Passion für das Kunsthandwerk findet eine interessante Parallele bei einem Herrscher aus ganz anderer Zeit und Kultur. Von einem König des alten Mexiko wird folgendes berichtet: »Er hegt alle Arten und Sorten von Vögeln, Tieren, Reptilien und Schlangen, die ihm aus den verschiedenen Provinzen gebracht werden... und solche, die nicht in Gefangenschaft gehalten werden können, wie See- und Süßwasserfische, läßt er in Gold und Edelsteinen nachbilden. Jedes Tier aus diesem Land ist hier vertreten, entweder lebendig oder aus Gold und geschnittenem Edelstein.«[23]

Über den Begriff Porzellan gehen die Meinungen auseinander. Jedenfalls hat es seinen Ursprung nicht in einer einzigen Ton-

Weiß glasierte Porzellanfigur, einen Ziegenbock darstellend, Höhe 56 cm.
Entworfen und modelliert von J. J. Kändler für den »japanischen Palast« in Dresden von August dem Starken.
Meißen, um 1732

sorte, die man ausgraben und ohne Zusätze gebrauchsfertig verwenden kann, sondern mindestens zwei Substanzen sind notwendig, die – sorgfältig abgestimmt und gemischt – bei einer sehr hohen Temperatur gebrannt werden müssen. Der Ausdruck Porzellan hat keine exakte Bedeutung, vielmehr ist er eine Bezeichnung, auf die sich Töpfer und Sammler geeinigt haben, wenn eine Keramik bestimmte Eigenschaften aufweist. Diese Bedingungen haben sich jedoch von einer Kulturepoche zur andern gewandelt, und es stand mal die eine, mal die andere an erster Stelle. Es gibt zum Beispiel Stücke, die durchaus nicht alle notwendigen Züge in sich vereinen und trotzdem für wundervolles Porzellan gehalten werden. So sprechen wir am besten von den verschiedenen Porzellantypen und nennen ein Stück, das nicht in jeder Hinsicht den ausgemachten Normen entspricht, korrekterweise nicht einfach »Porzellan«, da sich auch heute noch die Gemüter an diesem Definitionsproblem erhitzen.

Die Begriffsverwirrung geht, so vermute ich, zu einem großen Teil auf die Bezeichnung »echt« und »künstlich« zurück, womit man zwei verschiedene Porzellansorten zu unterscheiden trachtete. Das chinesische Hartpasten-Porzellan war immer das ursprüngliche Vorbild und infolgedessen das »echte«. Viele andere Keramiken mit schönen porzellanenen Eigenschaften – die allerdings nicht allein aus den beiden dem chinesischen Porzellan zugeschriebenen Grundstoffen Kaolin und Petunze bestanden – wurden dann als »künstliches« Porzellan bezeichnet.

Diese Wörter, »echt« und »unecht«, sind zu emotional und haben für mich sogar einen moralischen Beigeschmack; kein Wunder, daß diese Überbetonung des »Wirklichen« und »Wahren« beim sogenannten echten und des »Falschen« und »Heuchlerischen« beim künstlichen Porzellan die Töpfer verwirren mußte. In der Tat werden sogar Bezeichnungen wie »natürlich« und »unnatürlich« benutzt, was völlig widersinnig ist, da erstens jede Porzellansorte in verschiedenen Prozentsätzen aus Naturvorkommnissen wie Gestein, Ton und Mineral oder Knochenasche – ebenfalls einem Naturprodukt – besteht, zum zweiten weder das »echte« noch das »künstliche« Porzellan ohne Zutun des Menschen und seiner Erfindungskraft zustande kommen kann.

Die von den Chinesen zur Porzellanherstellung verwendeten Rohgesteine waren von Natur aus plastischer als unsere eigenen, im Westen gewonnenen. Um die Verarbeitungsfähigkeit zu verbessern, setzte man dem theoretisch äquivalenten Rezept der Chinesen von 50 Prozent Petunze (Feldspat und Quarz) und 50 Prozent Kaolin (china clay) oft bis zu 5 Prozent Bentonit oder ball clay zu.[24] Diese beiden Materialien ersetzten im allgemeinen nicht mehr als bis zu 5 Prozent Quarzanteile. Bentonit ist ein hoch plastischer, kolloidaler Ton vulkanischen Ursprungs und ball clay ein hoch plastischer Sedimentärton.

Wenn man bedenkt, über welche Zeiträume hinweg Menschen bereits Keramik aller Art hervorgebracht haben, so ist die Porzellanherstellung ein sehr junger Handwerkszweig. Es hat Töpferarbeiten von unübertrefflicher Schönheit und größtem technischen Können gegeben rund sechstausend Jahre bevor das erste Porzellan in China entstand; die frühe Entdeckung der Deutschen mit eingerechnet, beherrschen wir erst seit rund zweihundertsiebzig Jahren in Europa das Geheimnis der Porzellanfertigung.

Soviel wir wissen, ist das Porzellanmachen nie ein einfaches ländliches Handwerk gewesen. Die hierfür notwendigen Rohstoffe lassen sich nicht wie andere Tone am Ort gewinnen und grubenfrisch verarbeiten, noch eignen sich die einfach konstruierten Brennöfen mit ihren niedrigen Brenntemperaturen zum hohen Porzellanbrand. Außerdem waren zur Massebereitung immer beträchtliche Kenntnisse, sowie Sorgfalt und Zeit erforderlich. Hinzu kommt, daß, verglichen mit plastischeren und geschmeidigeren Tonen, Porzellanpasten sehr wenig handsam und schwer zu verarbeiten sind. Darüber hinaus bedurfte es einer wesentlichen technischen Vervollkommnung der Ofenkonstruktionen, um die hohen Temperaturen von mindestens 1280° C – notwendig zum Garwerden der Porzellantone – erreichen zu können. Das alles zeugt von weit fortgeschrittenen, ausgeklügelten Verfahrensweisen, wodurch Porzellan eher zu einem teuren Luxusartikel der Reichen als zu einer preiswerten allgemeingebräuchlichen Haushaltsware werden mußte.

Die ersten Porzellane stammen von den Chinesen der T'ang- und Sung-Zeit und zeigen die Frische und Spontaneität von Töpferarbeiten, die ganz aus einer Hand kommen. Auch wenn diese Handwerker womöglich in größeren Zusammenschlüssen lebten, spürt man doch keine Beeinträchtigung des persönlichen Ausdrucks. Die Porzellanherstellung faßte jedoch sehr schnell Fuß, und als der große Export begann, wurden im ganzen Land gelernte und ungelernte Arbeiter in die Produktion miteinbezogen. Man setzte eine Reihe von getrennt, doch einander zuarbeitenden Gruppen ein, die aus Arbeitsleuten und erfahrenen Handwerkern bestanden. Die einen gruben Kaolin und Petunze, die andern mischten, pulverisierten und verfeinerten das Rohmaterial. Dann kamen die Träger zum Abtransport. Sie trugen ihre Last an langen, über die Schulter gelegten Stangen die Bergpfade hinab, quer durch die Flüsse zu den Töpfern, die das Formen der Stücke übernahmen. Die nächste Gruppe führte die Abdreharbeiten aus; wiederum andere glasierten und übergaben die Töpfe Spezialisten zur Dekormalerei. Zum Schluß traten die Brennfachleute in Aktion. Bei umfangreicherer, zusätzlicher Dekoration und bei Aufglasurschmelzen wurden noch weitere Spezialisten für die Brände eingesetzt. Jeder Arbeitsabschnitt wurde von geschulten und erfahrenen Arbeitern und Handwerkern innerhalb des abgesteckten Wirkungskreises geschickt durchgeführt.

Dieses System der Arbeitsteilung in verschiedene Arbeitsgänge und der Einsatz vieler Hände wurde übernommen, als man im achtzehnten Jahrhundert die Porzellanherstellung in Europa einführte. Die zahlreichen Figurengruppen, Vögel und Tiere sind in jener – oben geschilderten – komplexen Weise entstanden. Wir können hier nicht mehr eine direkte Verbundenheit mit dem Ton erwarten, wie sie in den einfachen, aus Irdenware geformten Figurengruppen der ländlichen Töpfer deutlich spürbar ist, deren Ware für einheimische Dorfmärkte bestimmt war. Die Porzellanstücke hingegen, als Tafeldekoration und Ausschmückung reicher, kultivierter Häuser gedacht, wurden von Bildhauern zusammengesetzt, die ihre Entwürfe nicht in Ton, sondern einem anderen, leicht zu formenden Material wie Wachs oder Holz ausführten. Von den fertigen Kompositionen wurden dann sehr komplizierte Formen in vielen Teilen abgenommen, was darauf spezialisierten

Meistern oblag. Man preßte den Ton in diese Formen oder arbeitete auch mit Gießverfahren. Mit Hilfe dieser Methoden entstanden Porzellanwerke, die man selbstverständlich nie direkt aus dem Rohmaterial hätte modellieren können. Sie stammen aus dem Geist und der Auffassung eines Bildhauers, nicht eines Töpfers; sie sind ausgestaltet mit eigenen Fertigkeiten und Techniken und mit Verkaufserwartungen, die sich von denen eines Irdenwaretöpfers mit seinen »erdhaften« Arbeiten wesentlich unterschieden.

Erst durch den heutigen leichten Zugang zu industrieverfeinerten Rohstoffen und Hochleistungsbrennöfen ist ein Töpfer von neuem in der Lage, die Möglichkeiten des Porzellans selbständig – innerhalb der eigenen bescheidenen, aber durchaus erfüllenden Grenzen – zu erforschen. Er kann wieder, in Quetsch- oder Aufbautechnik, das volle Glück eines ganzheitlichen Schaffens erleben und sowohl das Dekorieren wie das Brennen persönlich ausführen. So bildet sich in unseren Tagen mit dem Handbauen ein neuer Stil in der Tradition des Porzellans, wobei die einfachsten Handgriffe sich mit hochentwickelten verfeinerten Materialien und Brenntechniken verbinden.

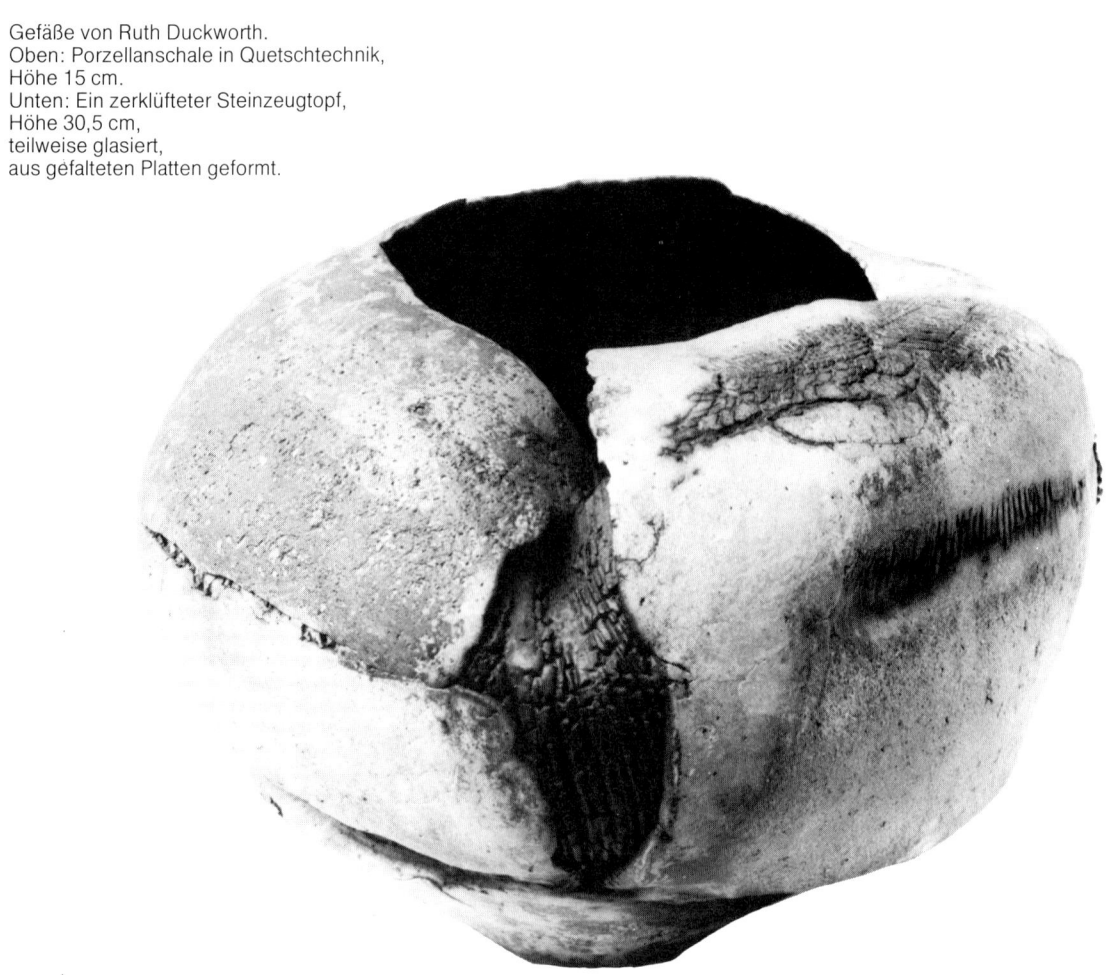

Gefäße von Ruth Duckworth.
Oben: Porzellanschale in Quetschtechnik,
Höhe 15 cm.
Unten: Ein zerklüfteter Steinzeugtopf,
Höhe 30,5 cm,
teilweise glasiert,
aus gefalteten Platten geformt.

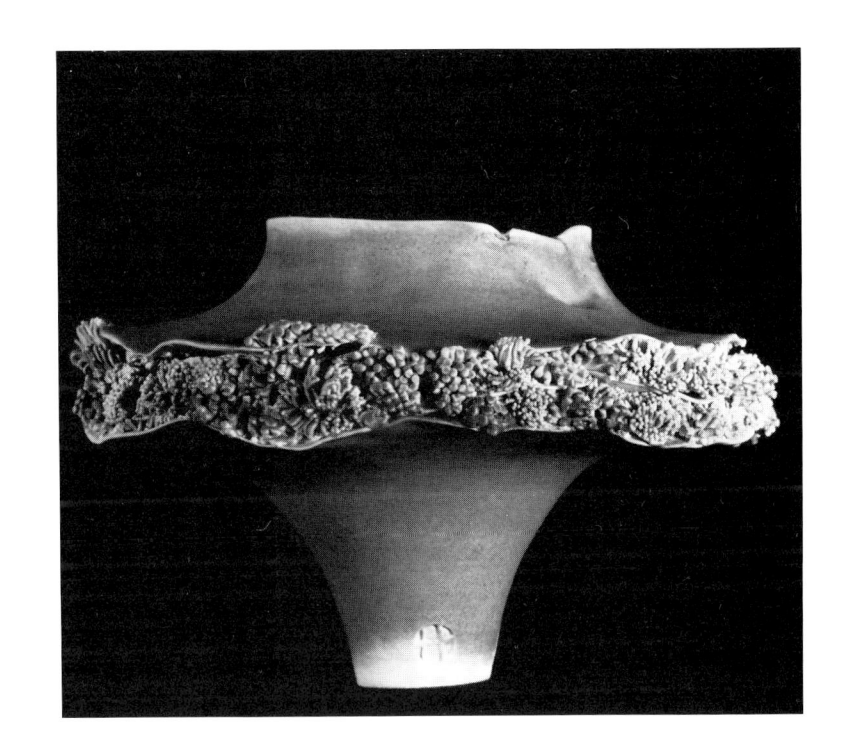

Rechts und unten:
Handgebautes Porzellan
von Peter Simpson.
Der Topf rechts, »Open Spinner«,
zeigt ein aus zwei Lagen
herausdrängendes Tongebrösel.

Unten: Handgeformte Teekanne
von Jill Crowley,
Raku-Brand.
Rechts oben:
Handgebaute Schalen von John Ward.
Rechts unten:
Steinzeugform von Sheila Fournier.

147

QUELLENVERZEICHNIS

1. Für mathematische und biologische Aspekte der Wachstumsphänomene siehe:
Peter S. Stevens,
Patterns in Nature
(Penguin Books, 1977);
Adolf Portmann,
Animal Forms and Patterns
(Faber & Faber, 1952);
D'Arcy Wentworth Thompson,
On Growth and Form
(Cambridge University Press, 1942).

2. W. B. Honey,
Dresden China
(Faber & Faber, 1934), p. 23.

3. *The Travels of Marco Polo*
(Everyman edition, Dent, 1967), p. 319

4. Alan Smith,
Illustrated Guide to Liverpool Herculaneum Pottery
1796–1840 (Barrie & Jenkins, 1970).

5. Soetsu Yanagi,
The Unknown Craftsman
(Kodansha International Ltd, Tokio, Japan, 1972), p. 122.

6. *Larousse Encyclopaedia of the Earth*
(Paul Hamlyn, 1965), p. 350.

7. William Burton,
Porcelain, its Art and Manufacture
(Batsford, 1906), pp. 98–99.

8. Renee A. Bravmann
Open Frontiers: The Mobility of Art in Black Africa
(University of Washington Press, 1973), p. 16

9. ebda, p. 82

10. ebda, p. 14

11. Sylvia Leith-Ross,
Ibo Pottery (Ceramic Review,
No. 51, London, 1978).

12. Sylvia Leith-Ross,
Nigerian Pottery
(Ibadan University Press, Nigeria 1970), p. 161

13. William Fagg and John Picton,
The Potter's Art in Africa
(Trustees of the British Museum, 1970), p. 8

14. Fujio Koyama,
The Heritage of Japanese Ceramics
(Weatherhill and Tankasha, Tokio, Japan, 1973).

15. Eine ausführliche Beschreibung der Kwali-Töpfertechniken siehe bei Michael Cardew,
Der Pioniertöpfer
Hörnemann-Verlag, Bonn, 1980.

16. ebda.

17. Philip J. C. Dark,
Benin Art and Technology
(Clarendon Press, Oxford, 1973).

18. Robert M. Netting,
Pottery Making among the Kofyar,
Sylvia Leith-Ross,
Nigerian Pottery
(Ibadan University Press, Nigeria, 1970).

19. Siehe unter Stichwort »Porcelain«
im *Oxford English Dictionary*
(Clarendon Press, Oxford).

20. William Burton,
Porcelain, its Art and Manufacture
(Batsford, 1906), p. 17.

21. W. B. Honey,
Old English Porcelain
(Faber & Faber, 1977).

22. Walter A. Staehelin,
The Book of Porcelain
(Lund Humphries, 1966), p. 9.

23. Ixtlilxochitl,
Obras Históricas
(Mexico, 1891–1892).

24. Für weitere Lektüre über dieses Thema siehe
Nigel Wood,
Oriental Glazes
(Pitman, London and Watson-Guptill, New York 1978).

BIBLIOGRAPHIE

Kapitel 1

Fujioka, Ryoichi
Shino and Oribe Ceramics
Shibundo Pub. Do., Tokio 1970, Kodansha International Ltf.,
New York and San Francisco 1977

Leach, Bernard
Kenzan and his Tradition
Faber, London 1966

Leach, Bernard
Das Töpferbuch
Hörnemann Verlag, Bonn, 5. Aufl.

– *Bernard Leach und seine Kunst*
von Carol Hogben,
Hörnemann Verlag, Bonn, 1979

Portmann, Adolf
Animal Forms and Patterns
Faber 1952

Rawson, Philip
Ceramics
The Appreciation of the Arts Series, Oxford University
Press 1971

Rhodes, Daniel
Pottery Form
Pitman, London 1978, Chilton, Philadelphia 1976

Sanders, Herbert H.
Töpfern in Japan
Hörnemann Verlag, Bonn, 1977

Searle, Patricia
Images from Life
British Museum Natural History Department, London 1971

Stevens, Peter S.
Patterns in Nature
Penguin Books, Harmondsworth 1977,
Little, Brown, Boston 1974

Thompson, D'Arcy Wentworth
On Growth and Form
Cambrigde University Press 1942, New York,
Erstausgabe 1917

Valéry, Paul
»*Man and the Sea Shell*«
in *Aesthetics* Routledge and Kegan Paul, London 1964

Yanagi, Soetsu
The Unknown Craftsman
Kodansha International, Tokio 1972, Kodansha International
USA Ltd., California, 1972

Kapitel 2 und 3

Billington, Dora
The Technique of Pottery
rev. Ausgabe von J. Colbeck, Batsford, London 1975

Birks, Tony
Der Studio Töpfer
Hörnemann Verlag, Bonn, 1977

Casson, Michael
The Craft of the Potter
British Broadcasting Corporation, London 1977

Chappell, James
The Potter's Complete Book of Clays and Glazes
Watson-Guptill, New York, 1977

Conrad, John W.
Ceramic Formulas – The Complete Compendium
Macmillan Pub. Co. Inc., New York, 1973
and Collier Macmillan, London

Cooper, Emmanuel
Pottery
Macdonald, London 1976

– und Royle, Derek
Glazes for the Studio Potter
Batsford, London 1978

Fournier, Robert
Illustrated Dictionary of Practical Pottery
Van Nostrand Reinhold, New York und London 1973

Fraser, Harry
Glazes for the Craft Potter
Pitman, London 1973, Watson-Guptill, New York 1974

Grebanier, Joseph
Chinese Stoneware Glazes
Pitman, London, and Watson-Guptill, New York 1975

Hamer, Frank and Janet
Clays
Pitman, London 1978, Watson-Guptill, New York 1978

Leach, Bernard
Das Töpferbuch, s. o.

Lewenstein, Eileen and Cooper, Emmanuel (Eds)
Ceramic Review
The Craftsmen Potters Association of Great Britain

– *Glaze Recipes – 200 Recipes from Practising Potters*
erweiterte und revidierte Ausgabe, C. P. A. 1978

Lynggaard, F.
Pottery: Raku Technique
Van Nostrand Reinhold, New York 1973

Rhodes, Daniel
Clays and Glazes for the Potter
Pitman, London 1962, Chilton, Philadelphia 1959

– *Stoneware and Porcelain*
Pitman, London 1960, Chilton, Philadelphia 1959 und 1973

Shaw, Kenneth
Ceramic Colours and Pottery Decoration
MacLaren and Sons Ltd., London 1962

Wood, Nigel
Oriental Glazes
Pitman, London 1978, Watson-Guptill, New York 1978

Kapitel 4

Bravmann, Rene A.
Open Frontiers – The Mobility of Art in Black Africa
University of Washington Press, Seattle and London 1973

Cardew, Michael
Der Pioniertöpfer, s. o.

Dark, Philip J. C.
An Introduktion to Benin Art and Technology
Oxford Clarendon Press 1973

Fagg, William and Picton, John
The Potter's Art in Africa
British Museum Publication, London 1970

Gardi, René
African Crafts and Craftsmen
Van Nostrand Reinhold, New York 1969

Gonen, Rivka
Ancient Pottery
Cassels, London 1973

Hawkes, Nicolas
»*Bassa Nge Pottery Technique*«
in Sylvia Leith-Ross
Nigeria Pottery
(siehe unten)

Hodges, Henry
Technology in the Ancient World
Pelican Books 1971

Koyama, Fujio
The Heritage of Japanese Ceramics
Weatherhill/Tankasha, New York and Kyoto 1973

Leith-Ross, Sylvia
Nigerian Pottery
Ibadab University Press 1970

Netting, Robert M.
»*Pottery-making among the Kofyar*«
in Sylvia Leith-Ross
Nigerian Pottery
(siehe oben)

Riegger, H.
Primitive Pottery
van Nostrad Reinhold, New York 1973

Trowell, Margaret
African Design
Faber, London 1960

Über traditionelle Handbau-Techniken
sind außerdem zahlreiche Artikel sehr lesenswert,
die veröffentlicht wurden in: *Ceramic Review,*
Zwei-Monatszeitschrift der Craftsmen Potters Association of Great Britain,
herausgegeben von Eileen Lewenstein und Emmanuel Cooper.
Hier einige Beispiele:

Nr. 13 Jan/Febr 1972
»Pottery-making in Zambia«
von Giselle Underhill

Nr. 20 März/April 1973
»A Visit to a Pottery Village in West Africa«
von Tanya Dobbs

Nr. 27 Mai/Juni 1974
»Maja Potters of Southern Belize«
von Deborah Hughes Hallett

Nr. 28 Juli/August 1974
»Pueblo Pottery of the North American Indian«
von Val Barry

Nr. 29 Sept/Okt 1974
»Traditional Pottery in India«
von S. K. Mirmira

Nr. 34 Juli/Aug 1975
»Abuja after Michael Cardew«
von Michael O'Brien

Nr. 36 Nov/Dez 1975
»The Potters of La Arene, Panama
von Vronwy Hankey

Nr. 48 Nov/Dez 1977
»Potters of Bauchi Town, Nigeria«
von Jonathan Slye

Nr. 51 Mai/Juni 1978
»Ibo Pottery«
von Sylvia Leith-Ross
Weitere lesenswerte Artikel in der Zweimonatszeitschrift des Crafts Advisory Committee, *Crafts,* z. B.:

Nr. 34 Sept/Okt 1978
»A Berber Potter«
von Jennifer Balfour-Paul

Kapitel 5

Burton, William
Porcelain, its Nature Art and Manufakture
Batsford, London 1906

Charleston, J. (Hrsg.)
World Ceramics
Paul Hamlyn, Feltham 1968

Cushion, John P.
Animals in Pottery and Porcelain
Studio Vista, London 1974

Godden, Geoffrey
Godden's Guide to English Porcelain
Granada 1978, London and New York

Honey, W. B.
Old English Porcelain Bell,
London 1931, Neuauflage 1977

Lane, Arthur
English Porcelain Figures of the Eighteenth Century
Faber, London 1961

Medley, Margaret
The Chinese Potter
Phaidon, Oxford, and Scribners, New York 1976

Osborne, Harold (Hrsg.)
The Oxford Companion to the Decorative Arts
Oxford Clarendon Press 1975

Reeve, John
»Notes on Porcelain« *Pottery Quarterly,*
in den Nr. 43 und 44

Rhodes, Daniel
Stoneware and Porcelain
Pitman, London 1960, Chilton, Philadelphia 1959

Sandeman, Alison
Working with Porcelain
Pitman, London and Watson-Guptill, New York 1979

Savage, George
Eighteenth-century Porcelain
Spring Books, London 1964

Staehelin, Walter A.
The Book of Porcelain
Benteli-Verlag, Bern 1965, Lund Humphries, London 1966

Wood, Nigel
»Chinese Porcelain« *Pottery Quarterly,*
Nr. 47, Bd. 12

Wood, Nigel
Oriental Glazes
Pitman, London, and Watson-Guptill, New York 1978

LIEFERADRESSEN

Sämtlicher keramischer Bedarf

Carl Jäger KG
Postfach 45
5410 Höhr-Grenzhausen

Scandia
Ofen- und Töpfereizubehör GmbH & Co. KG
Alte Forststr. 35
5000 Köln

Horst Uhlig GmbH & Co. KG
Postfach 88
5401 Emmelshausen

Heinz Welte
Postfach 3222
5030 Hürth-Hermühlheim

Fa. Wagner
Massemühle
Postfach 109
8632 Neustadt/Coburg

WEMA GMBH
Feuerweg 6a
8500 Nürnberg 18

Hans Wolbring
St.-Martin-Weg 5
5410 Höhr-Grenzhausen

Podmore & Sons Ltd.
Shelton Stoke-on-Trent ST1 4PQ
England

Tone und Fertigmassen, Kaolin, Feldspat, Quarzsand, Schamotte usw.

Reinhold Frentz
Hauptstr. 174
5020 Frechen b. Köln

Carl Jäger KG
Postfach 45
5410 Höhr-Grenzhausen

Stefan Kahlen
Fachhandel für Keramikbedarf
Bergdriesch 2a
5100 Aachen

Scandia
Ofen- und Töpfereizubehör GmbH & Co. KG
Alte Forststr. 35
5000 Köln

Horst Uhlig GmbH & Co. KG
Postfach 88
5401 Emmelshausen

Hans Wolbring
St.-Martin-Weg 5
5410 Höhr-Grenzhausen

Brennöfen und Pyrometer

Carl Jäger KG
Postfach 45
5410 Höhr-Grenzhausen

Naber-Industrieofenbau
Bahnhofstr. 20
Postfach 1120
2804 Lilienthal/Bremen

Scandia
Ofen- und Töpfereizubehör GmbH & Co. KG
Alte Forststr. 35
5000 Köln

Horst Uhlig GmbH & Co. KG
Postfach 88
5401 Emmelshausen

Naber-Industrieofenbau
Herbstweg 32
CH-8050 Zürich

PETRA AG
Silbergasse 4
CH-2051 Biel